与最聪明的人共同进化

湛庐 CHEERS

HERE COMES EVERYBODY

The OUTSIDERS

巴菲特最推崇的8大企业家特质

Eight Unconventional CEOs and Their Radically Rational Blueprint for Success

[美] 威廉 · 桑代克 著
William N. Thorndike, Jr.

马斯文 杨天南 译

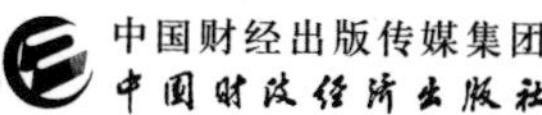

中国财经出版传媒集团
中国财政经济出版社

中国企业最不喜欢做的几件事

张化桥

慢牛资本董事长

2016年，我到伦敦GIM基金公司餐叙，有幸获赠了威廉·桑代克在2012年出版的*The Outsiders*一书，非常有趣！

此书简单易读，它讲了美国8家上市公司在过去40～50年[①]内持续为股东创造超高收益率的故事。这8家公司有以下几个共同点。

长期地、大量地回购自己的股票。比如，特利丹公司（Teledyne）在1972—1984年，从公开市场回购了自己公司90%的流通股。华盛顿邮报公司仅在2009—2011年，就通过回购股票把股票总数缩减了20%。宠物食品巨头罗尔斯顿·普瑞纳公司（Ralston Purina）回购了60%的流通股。其首席执行官（CEO）说，投资自己是把握最大的投资，所有资本全

① 本书初作于2012年，书中所有涉及时间推算的内容都以2012年为基准。——编者注

部在自己掌控之中。其实，任何并购和资本支出都必须跟回购股票的收益进行比较，这是一道最低的门槛。减少股份，可以增加净资产收益率，提高资金使用效率，也可以增加股票的每股收益和含金量。现金太多，就会造成浪费，容易投资愚蠢的项目。

埃克森美孚公司曾在 2007—2012 年回购了其净发行股票的 25%。另外，思科、苹果、IBM 和甲骨文这 4 家公司仅在过去的 12 个月，就回购了总计 900 亿美元的股票。

高额分红当然好，但由于分红需要缴纳两次税（公司层面、股东层面），所以回购股票（不涉及税收）其实是回馈股东的最好办法：可以一边回购股票，一边借款扩张（利息费用能够在税前扣除）。

在美国，只要价格合适，管理层就会随时乐意把主营业务卖掉，做减法。在中国，把主营业务卖掉会涉及一些额外问题：管理层的职位安排问题、做假账问题、历史遗留问题、权力问题以及面子问题等。

在美国，许多大集团随时准备并购其他企业。1973—1989 年，美国的有线电视公司 TCI 做了 482 项并购，基本上每两周并购一家公司。当然，要买，就必须有人愿意卖才行。中国人认为“只有撑不下去了才卖”，所以，想买的人也就买不成。

在美国，许多大集团不到万不得已，不愿意增发新股。几十年下来，这些公司股数要么大减，要么不变。大众影院公司（General Cinema）的 CEO 迪克·史密斯（Dick Smith）认为增发新股是非常痛苦的事情。在史密斯的任期内，他回购了公司 33% 的流通股。他们做回购有时是在市场内买，有时是拍卖式定额回购。比如，在 2012 年，公司准备回购 8 亿美元股票，价低者得，收完为止。过一段时间，现金多了，再重复回购。

在 CEO 约翰 · 马隆（John Malone）的任期内，TCI 回购了净发行股票的 40%。马隆非常强调节省，拒绝更新该公司在美国各地有线电视业务中落后的（或者说是已被证明落后了的）技术：让“先烈”们去发明、开拓和验证吧！“等一等再投资，我们不会丢失主要的地盘，因为有线电视技术的先行者们总是敢于冒险。”马隆如是说。

这让我想起巴菲特的一句话：“去太空旅游当然激动人心，不过，我很乐意把这份激动让给他人。”

斯文在兹信达雅

文 / 杨天南

北京金石致远投资管理公司 CEO

《巴菲特最推崇的 8 大企业家特质》一书终于面世了，它讲述了 8 家企业在杰出企业家领导之下取得巨大成功的故事。

这本书英文原名为 *The Outsiders*，之前的译本名为《商界局外人》。对于这样贴近字面的“直译”，一直以来存有争议，因为在中文语境中，“局外人”一般指不相干的人，如果用“局外人”来形容书中这些杰出企业家，多少有些令人费解，因为他们明明就是企业的主导者，属于“局内人”啊！

对此，巴菲特理论资深研究专家刘建位先生认为，将 outsiders 理解为“异类、另类”更切合实际。我认同他的观点，因为书中提到的这些人即便不是天赋异禀，也绝对属于特立独行之人，他们敢于不走寻常路，敢为人先，不从众、不随大溜儿，所以，他们看起来像是芸芸世界的“局外人”。

读到这里，读者或许心生疑惑："怎么可以这样自卖自夸，毫不避嫌呢？"答案是，虽然由我来作这篇译者序，但本书的主力译者却是马斯文先生。斯文是我太极班和投资人生班上的学生，早年留学欧洲，归国之后曾在高校任教 10 年，工作是教外国人学好中文，这令他对于中英双语转换有着异于常人的敏锐。承蒙湛庐错爱，让我挂着领衔之名，但一切功劳多归于斯文，这也是我坚持名列其后的原因。

本书提出，一名优秀的 CEO 应该做好两方面的工作：一是提高企业的运营效率，二是做好资本配置。前一个方面覆盖人们通常熟知的企业管理内容，如研发、产品、市场、存货、供应链等，总之是提高自身效率；后一个方面是如何配置运营活动中产生的现金流。

作者研究发现，大凡杰出的企业家，往往是在后一个方面的工作上大放异彩，无论是亨利·辛格尔顿（Henry Singleton），还是沃伦·巴菲特，本书提及的这 8 家企业的当家人都是资本配置的高手。因为一般而言，很多企业的 CEO 通常来自企业内部的岗位提拔，或是来自市场部门，抑或是来自财务部门。无论是哪个岗位出身，其多会落于原有的窠臼，目光向内，着眼于内部效率提升。而具有资本配置眼光的企业家看中企业自由现金流的外部安排。例如，是扩张跨界、进行分红，还是回购股票，等等。本书作者的结论是，具有同样运营成果的两家企业，如果执行不同的资本配置策略，其对股东价值的长期影响会有天壤之别。

这些杰出的商界运作固然令人开阔眼界、帮人打开思路，但对于众多中小企业而言，在未能拥有丰富资源之前，例如，对富余现金的安排是进行分红还是用来回购股票，企业筹资方式是银行贷款，还是发债、发股融资……这样的"高阶管理"问题恐怕暂时还不在考虑范围之内，因为它们大多处于资金缺乏、融资手段单一的发展阶段。

我认为，CEO 工作涉及的两个主要方面对普通人也有很大启发，因为每个人都是自己的 CEO。我在大学教工商管理硕士（MBA）投资学已有 5 年，这个 M 就是管理。虽然 MBA 讲的是工商管理，但我倒是觉得人生处处都是管理，如投资理财管理、社会关系管理、人际关系管理等。

比照 CEO 应该做好的两件事，即一是提高企业的运营效率，二是做好资本配置，我们见到市场上太多人偏重后者，而忽视前者。为了手中的三五万元现金，天天盯盘股市涨跌，美其名曰“资产管理”，实际上却荒废了自己的本职工作，忘记了提高自身效率，到头来往往遭到巨大风险的暴击，导致金钱与青春双重损失，弊大于利，得不偿失。

本书中的 CEO 们因重视资本配置而成功，但这里有个前提，那就是企业本身运营良好，能够产生源源不断的现金以供配置。对现实中那些手中资金有限，却一心考虑走职业投资道路的人来说，荒废了主业其实是自我断绝了源源不断的现金流。这就是巴菲特喜欢股票下跌，而普通人畏惧下跌的秘密所在。

有人用“信达雅”来形容好的翻译，在一定程度上，好的翻译是一种文字的再创作。例如那句名言“You shape your houses and then your houses shape you”，可以翻译为“你塑造房子，然后你的房子也塑造你”，也可以翻译为“你塑造建筑，然后建筑塑造你”。但实际上，如果翻译为“你塑造环境，环境反过来也在塑造你”，恐怕更贴近原意，更容易理解。

如此细致推敲的工作需要时间、精力、经验，还必须具有一定的牺牲奉献精神，以及最重要的一点——热爱。无论是在出版界，还是译作者队伍，这样的人都是值得珍惜的。

本书的担纲译者马斯文先生就是这样一位有心人，他的工作背景使他尤擅文字上的推敲琢磨。“斯文”一词常常用来形容有修养的人，有涵养、有礼貌，文质彬彬，懂得尊重人。但这样的人往往是不会主动要求别人点赞的，因为他们内心认为，这样的恳求也有点“低三下四，有辱斯文”。

不久前，我到曲阜孔庙拜访时，见大殿前的匾额上书“斯文在兹”，我拍了照片发给斯文，他回复表示“一定好好努力，不辱斯文”。各位读者阅后如果有所喜爱，不妨多多支持一下，塑造一个利人利己的环境，以免将来“斯文不在”的遗憾。

谁是比杰克·韦尔奇更伟大的 CEO

沃伦·巴菲特 人称“股神”	给真正优秀的 CEO 付再多薪酬也不为过……但是，他们属于稀有物种，踪迹难觅。
比尔·帕斯尔斯 **(Bill Parcells)** 传奇足球教练	你是谁，由你过往的记录说了算。
约翰·邓普顿 **(John Terpleton)** 著名基金经理人	成功总是有迹可循的。

谁是过去 50 年来最伟大的 CEO？

你如果和大多数人想的一样，那么可能脱口而出的回答是“杰克·韦尔奇”。原因显而易见，1981—2001 年，韦尔奇经营美国通用电气公司 20 年，而通用电气被认为是美国最具标志性的公司之一。通用电气的股东在韦尔奇任内赚翻了天，年复合回报率达到 20.9%。如果你在韦尔奇就任 CEO 时购买了 1 美元的通用电气股票，那么当他把权力移交给继任者杰夫·伊梅尔特（Jeff Immelt）时，你的股票价值会达到惊人的 48 美元。

韦尔奇既是一位活跃的管理者，也是一位重要的企业形象大使。他传奇般地四处巡视，不停地出差造访通用电气遍布各地的分支机构，不知疲倦地给经理人评级并让他们在不同的业务部门间轮岗。韦尔奇制订了全公司的战略计划，并用“六西格玛”（Six Sigma）和“全面质量管理”（TQM）等充满异域色彩的名字来命名。韦尔奇性格活泼好斗，经常周旋于华尔街和商业媒体之间。韦尔奇在聚光灯下挥洒自如，在通用电气任职期间，经常成为《财富》杂志的封面人物。即使退休以后，韦尔奇依然不时就继任者的表现等各种商业话题发表激进言论，进而常常占据新闻的头条。韦尔奇还写了两本管理建议方面的书，书名通常都充满了攻击性，比如他的自传就叫作 *Straight from the Gut*，这个书名直译为“直截了当”，中文版名为《杰克·韦尔奇自传》。

关于韦尔奇的争议和他出色的业绩交织在一起，他创设的一套特殊管理方法已然成为衡量 CEO 业绩的黄金标杆。韦尔奇强调要积极监督公司运营，要定期与华尔街沟通以及要高度关注公司股价。然而，韦尔奇是过去 50 年来最伟大的 CEO 吗？

答案是一个大写的“不”。

要明白这么说的原因，重要的是从一开始就使用一套全新的、更精确的方法来衡量 CEO 的能力。CEO 和职业运动员一样，在一个高度量化的领域里竞争，却没有一个简单的、公认的度量标准来衡量他们的表现，就好像对棒球投手没有 ERA[①] 的考核，对外科医生没有并发症发生率的考核，或者对曲棍球守门员没有平均失球数的考核一样。

那些商业媒体并不试图以任何严格的方式来确定最佳选手，相反，它们通常只关注最大、最知名的公司，比如《财富》100 强的上榜者。这就是这些公司的高管经常出现在顶级商业杂志封面上的原因。媒体通常关注的指标是公司收入和利润的增长，然而，衡量 CEO 是否伟大的最终晴雨表，不是销售额、收入或员工人数的增长，而是公司股票每股价值的增长。此种情形像极了《体育画报》(*Sports Illustrated*)，它只将身材最高大的投手和最壮硕的守门员放在封面上。

评估公司的业绩时，重要的不是绝对回报率，而是与同行和市场比较的相对回报率。评价一位 CEO 是否伟大时，你也仅需参考三件事：他的任期内给股东带来的年复合回报率，同行同期的回报率，通常由标准普尔 500 指数来衡量的市场大盘同期回报率。

时代背景非常重要，开始和结束的时点都会对一名 CEO 的业绩产生巨大的影响。韦尔奇的任期几乎正好与 1982 年底开始的史诗级的牛市持续的时间相吻合，这一波行情基本上无间断地持续到 2000 年初。在这段令人瞠目的时期，标准普尔指数的平均年回报率为 14%，约为长期平均数值的两倍。在牛市行情中实现 20% 的回报率是一回事，而在横跨数个大熊市后实现 20% 的回报率，则完全是另一回事。

① ERA（Earned Run Average）是棒球比赛中的技术统计术语，可译为“投手自责分率”或“防御率”。——编者注

我们可以用棒球做类比来说明这一点。在 20 世纪 90 年代中后期，29 记全垒打的进攻成绩只能算是平庸水平，因为佼佼者可以打出 60 记以上。然而，当贝比·鲁思（Babe Ruth）在 1919 年打出 29 记全垒打时，他打破了自 1884 年以来保持的纪录，开创了以力量为导向的打法并永久改写了棒球运动的历史。所以再强调一遍，时代背景非常重要。

评估 CEO 历史业绩的另一个重要因素是其相对于同行的表现，而评定这一点的最佳方法是将 CEO 与广泛的同业者进行比较。就像复式桥牌比赛一样，选手们持有的手牌通常大致相同，因此长期业绩的差别更可能来源于 CEO 的管理能力，而不是外部因素。

让我们来看一个采矿业的例子：2000 年，黄金价格在每盎司[①] 400 美元上下徘徊，2011 年黄金价格最高达到每盎司 1 900 美元。我们绝不可能把这两种情况与金矿企业 CEO 的表现相提并论。金矿行业的 CEO 们无法控制标的商品的价格，他们必须利用市场赋予的“手牌”，为股东做出最佳选择。因此在评估业绩时，最有用的方法是，将金矿企业的 CEO 与其他相同环境下运营的公司的管理者进行比较。

当一位 CEO 带来的回报率远远高于同行和市场时，他就堪称“伟大”。按照这个定义，韦尔奇任职期间通用电气的业绩超过标准普尔 500 指数的 3.3 倍，他是当之无愧的伟大的 CEO。

然而，他和辛格尔顿完全不可同日而语。

① 1 盎司 ≈28.35 克。——编者注

力压韦尔奇，了不起的辛格尔顿

如今，只有少数投资者和业内人士知道辛格尔顿是个了不起的人物。作为一名 CEO，辛格尔顿有着不凡的背景：他是一位喜欢下盲棋的世界顶级数学家，在获得电气工程博士学位的同时，还曾为麻省理工学院的第一台计算机编程。第二次世界大战期间，辛格尔顿开发了一种“消磁”技术，使盟军舰艇能够避开雷达探测；20 世纪 50 年代，他开发了一种惯性制导系统，至今仍为大多数军用和商用飞机所使用。以上这些都是过去式。60 年代早期，辛格尔顿创建了综合企业集团特利丹公司，自此成为历史上最伟大的 CEO 之一。

60 年代的综合企业集团就好比之后的网络公司，当时大批综合企业集团纷纷上市。然而，辛格尔顿经营的是一家极不寻常的企业集团。早在众人蜂拥而至之前，辛格尔顿就积极地回购了自己的股票，最终买回了特利丹公司 90% 以上的股权；辛格尔顿避免分红，看重现金流而不是账面盈余，用去中心化[①]的方法让集团良好运转。辛格尔顿从不分拆股票，在 70 年代和 80 年代的大部分时间里，特利丹公司是纽约证券交易所（NYSE）交易价格最高的股票。辛格尔顿因不愿与分析师或记者交谈而被称为“斯芬克斯”（Sphinx）[②]，他也从未在《财富》杂志的封面上出现过。

辛格尔顿是一个反传统主义者，他的特立独行在华尔街和商业媒体上

① 英文原文为 decentralize，汉语中也可以用“权力下放”或“分权”来对应，但是为了和原文尽量保持一致，书中采用了“去中心化”这个译法。——译者注

② 斯芬克斯，指狮身人面像，意思是说辛格尔顿像谜一样令人费解。——译者注

引发了广泛的质疑和恐慌。结果证明，辛格尔顿完全有理由对这些怀疑者置之不理。那些更知名的同行的长期回报率都很平庸，他们的平均年化回报率只有 11%，略微高于标准普尔 500 指数。

相比之下，辛格尔顿经营特利丹公司近 30 年，其投资者的年复合回报率达到了惊人的 20.4%。如果你在 1963 年向辛格尔顿投资 1 美元，那么到 1990 年，当辛格尔顿在熊市的撕咬中退休时，这笔投资的价值会达到 180 美元。同样的 1 美元投资于其他大多数综合企业集团，只能得到 27 美元；如果投资于标准普尔 500 指数，只能得到 15 美元。令人瞩目的是，辛格尔顿的表现是标准普尔 500 指数的 12 倍。

根据我们对成功的定义，辛格尔顿是一位比杰克・韦尔奇更伟大的 CEO。辛格尔顿的各项数据明显更好：相对于市场和同行，他的每股回报率不仅更高，而且保持高回报率的时间更长（28 年，韦尔奇是 20 年），而且这期间市场还经历了数次漫长的熊市。

辛格尔顿的成功并非缘于特利丹公司拥有什么独特的、快速增长的业务。辛格尔顿与同行的主要区别在于，他在一个关键但有些神秘的领域，即资本配置方面游刃有余。资本配置过程决定了如何配置公司资源，从而使得股东获得最好的回报。因此，让我们花少许篇幅来解释：什么是资本配置？为什么资本配置如此重要？为什么很少有 CEO 精通此道？

重新定义职责，CEO 的超级工具箱

CEO 要想取得成功，需要做好两件事：一是让企业高效运营，二是合理配置运营产生的现金。大多数 CEO 以及他们撰写或阅读的管理书籍都专注于对运营的管理，不可否认，运营非常重要。辛格尔顿却与众不同，他把大部分精力都放在了第二件事上。

通常而言，CEO 们在资本配置上有 5 种基本的选项，即投资现有业务、收购其他业务、发放股息、偿还债务、回购股票；而获得资本有 3 种选项，即发掘内部现金流、发行债券、发行股票。

想象一下：如果我们把所有的选项都放入 CEO 的工具箱里，那么长期而言，股东的回报将主要取决于 CEO 在种种工具间的取舍。简单来说，两个经营业绩相同但资本配置方式不同的公司，会给股东带来两种截然不同的长期回报。

从本质上讲，资本配置就是投资，因此，所有的 CEO 既是资本配置人，也是投资人。事实上，这可能是任何一位 CEO 最重要的职责，然而尽管它很重要，顶级商学院却没有任何关于资本配置的课程。正如巴菲特所观察到的，极少有 CEO 能为这项关键任务做好准备，他说：

> 许多公司的负责人并不擅长资本配置，这种缺憾不足为奇。大多数领导能晋升到高层，是因为他们在市场营销、生产、工程、行政管理，有时甚至是职场政治中表现出色。他们一旦成为 CEO，就必须当即做出资本配置的决策，而他们此前可能从未涉足过这项至关重要的工作，因此往往会显得手足无措。举个夸张一点儿的例子，

就好比一位极具才华的音乐家，最后的归宿居然不是在卡内基音乐厅演出，而是被任命为美联储主席。[1]

这种经验不足对投资者的回报有着直接而重大的影响。巴菲特强调了这种技能差距的潜在影响，他指出："如果一家公司每年留存的收益保持在净资产的 10%，并且这项资本配置工作持续 10 年，它的 CEO 就等于配置了这家企业总计 60% 以上①的资本。"[2]

辛格尔顿是资本配置大师，对于不同的资本配置选项，他的起领航作用的决定和同行明显不同，并对股东的长期回报产生了巨大的积极影响。具体而言，辛格尔顿将特利丹公司的资金集中在严格筛选后的并购和一系列大规模股份回购上。对发行股票，辛格尔顿的态度较为保守，却善于利用债务杠杆，直到 20 世纪 80 年代末才派发股息。对比之下，其他综合企业集团奉行的资本配置策略就好像它的镜像世界，即积极发行股票去并购公司，派发股息，避免股票回购，一般很少利用债务杠杆。简而言之，其他综合企业集团在 CEO 的工具箱里配置了一套不同的工具，结果也自然不同。

如果你从更广泛的角度来思考，资本配置就是资源配置，包括人力资源的配置，那么你会再次想起辛格尔顿那高度差异化的方法。具体来说，辛格尔顿相信极致的去中心化的组织形式，即公司总部结构单一、人员精简，日常运营的责任和权力集中在各个业务部门的总经理身上。这与同行们的做法截然不同，同行的总部通常部门林立，充斥着各种副职和 MBA 的头衔。

① 计算公式是（$1.1^{10}-1$）$/1.1^{10}\times100\%=61.5\%$。——译者注

事实证明，真正伟大的 CEO 都深谙资本配置之道。实际上，他们的方法和辛格尔顿惊人地相似。

局外人视角，特立独行的 CEO

1988 年，巴菲特撰写了一篇关于一群投资者的文章，这群投资者不仅有出色的业绩记录，而且信奉传奇的哥伦比亚商学院的教授本杰明·格雷厄姆（Benjamin Graham）和戴维·多德（David Dodd）的价值投资原则。格雷厄姆和多德颠覆了传统的投资策略，他们主张买入那些净资产价值被远远低估的公司。

为了说明非凡的投资回报与格雷厄姆-多德原则之间的紧密关联，巴菲特用了全美掷硬币大赛的比喻。在这场比赛中，2.25 亿个美国人每天下 1 美元的赌注掷硬币猜正反。每一天的输家都会退出，而赢家赢的钱都将继续押在第二天的赌注上，因此赌注不断加码。20 天后，剩下 215 人，每人赢得了超过 100 万美元的奖金。巴菲特指出，这个结果纯粹是运气使然，就算是 2.25 亿只猩猩参与也会产生同样的结果。然后，巴菲特谈及一个有趣的现象：

> 如果发现有 40 只猩猩来自奥马哈的某个特定的动物园，你将会非常肯定这意味着什么……科学研究通常也遵循这样的模式。对一种罕见的癌症，如果你试图找出其背后可能的病因，发现此类癌症的 400 个病例都发生在美国蒙大拿州的某个矿业小镇上，你就会对那里的水、那些患者的职业或者其他变量非常感兴趣。我想你会发现，在投资领域，极高比例的掷硬币赢家来自一个极小的知识部落，

它可以被称为“格雷厄姆-多德部落”。[3]

历史学家劳雷尔·乌尔里克（Laurel Ulrich）曾写道，循规蹈矩的人很少创造历史。按照这个理论，传统的 CEO 也很少能战胜市场或同行；投资界也是如此，表现出众的管理者人数稀少。如果你把掷硬币的赢家的名单列出来，那么毫不奇怪，你会发现他们都是打破传统的人。

这些杰出的管理者正是本书描述的对象，他们经营的公司历经市场的繁荣与衰退，涉及制造业、媒体、国防、消费品和金融服务等不同的行业，他们的公司在规模和成熟度上差别巨大。没有一家公司拥有火爆的、可迅速复制的零售模式或知识产权壁垒，但其表现却远超同行。

与辛格尔顿一样，在各自的业务上，他们创立了独特的、明显不同的方法，这通常会招来同行以及商业媒体的大量评论与质疑。但更有趣的是，尽管他们彼此独立地提出了各自不同的方法，事实却证明，他们骨子里都是不走寻常路的同路人。换言之，只有打破旧的束缚，才能成就新的模式，成功的潜在蓝图才能就此展开，出色的回报才能随之而来。

他们的经营活动似乎发生在和我们的时空平行的另一个宇宙，那个宇宙中的人们奉行着同样一套特立独行的原则和世界观，并因此获得了这个小小部落的居民身份。我们称之为辛格尔顿部落。抛开别的不说，这个部落里的男女精英都明白：

- 资本配置是 CEO 最重要的工作。
- 从长远来看，重要的是每股价值的增长，而不是总收入或企业规模的增长。

- 决定长期价值的是现金流，而不是账面盈余。
- 去中心化的组织形式释放了企业的能量，降低了成本以及管理层之间的“积怨”。
- 独立思考对长期成功至关重要，与外部顾问（华尔街、媒体等）打交道会分散精力且浪费时间。
- 有时最好的投资机会就是回购你自己公司的股票。
- 对于收购，耐心是一种美德……偶尔也得当机立断。

有意思的是，他们的不落俗套在很多情况下因地理位置而得到强化。大部分人的公司分布在丹佛、奥马哈、洛杉矶、亚历山大、华盛顿和圣路易斯等城市，从而远离波士顿—纽约走廊的金融地震带。这种距离有助于他们远离华尔街世俗认知的喧嚣。有两位 CEO 的办公室在美国东北部，他们都偏爱不起眼的位置：史密斯的办公室位于一个郊区购物中心的后面；汤姆·墨菲（Tom Murphy）的办公室在曼哈顿中城的一处旧住宅区里，距离华尔街足有 60 个街区。

辛格尔顿部落的居民和身为“局外人”的 CEO 们都有一些有趣的个人特征：他们普遍节俭，这一点常常被世人调侃；他们为人谦逊，善于分析且为人低调。他们忠于家庭，常常提早离开办公室，去参加子女学校的活动。他们通常不喜欢 CEO 角色带来的抛头露面，无意在商会发表演讲，也不出席达沃斯论坛。他们很少出现在商业出版物的封面上，也不撰写管理建议方面的书。他们不是啦啦队队长，不是营销员，不会和陌生人自来熟，他们似乎和号召力无缘。

与史蒂夫·乔布斯、山姆·沃尔顿（Sam Walton）、美国西南航空的赫布·凯莱赫（Herb Kelleher）、马克·扎克伯格等高调的 CEO 相比，他们显得格格不入。这些天才是商界的牛顿，就像是被苹果砸中而被激发出石破天惊的想法，继而以疯狂的专注和决心去努力实践。然而，他们面临的处境和环境与绝大多数企业 CEO 没有什么迥异之处，那些职业生涯中的经验教训也并非不可借鉴。

身为局外人的 CEO 们既没有沃尔顿和凯莱赫那样的感召力，也没有乔布斯和扎克伯格那样的营销或技术天赋。其实，他们的处境就是众多美国企业高管曾经历过的。但是，他们带来的回报却极不寻常。如图 P-1 和图 P-2 所示，平均而言，他们所带来的平均回报超过标准普尔 500 指数的 20 倍，超过同行的 7 倍。在接下来的章节里，我们将持续关注这些回报是如何实现的。正如水门事件的线人“深喉”所言，本书将“循着钱的印记”，仔细探究这些身为局外人的 CEO 为实现股东回报最大化而做出的关键决策以及得到的教训，从而给今天的管理者和企业家一些启示。

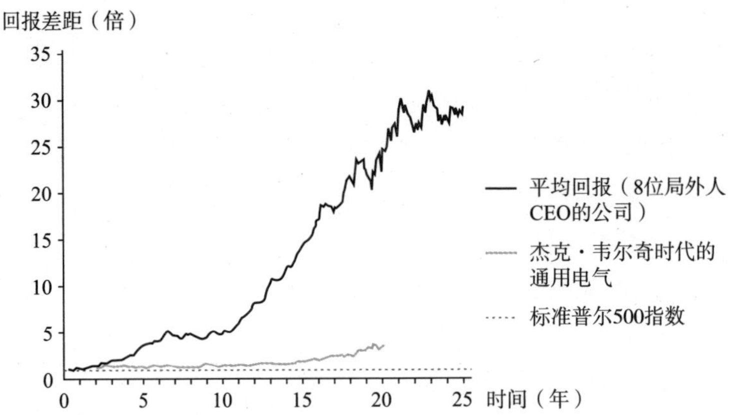

图 P-1　8 位局外人 CEO 带来的平均回报与标准普尔 500 指数的回报对比

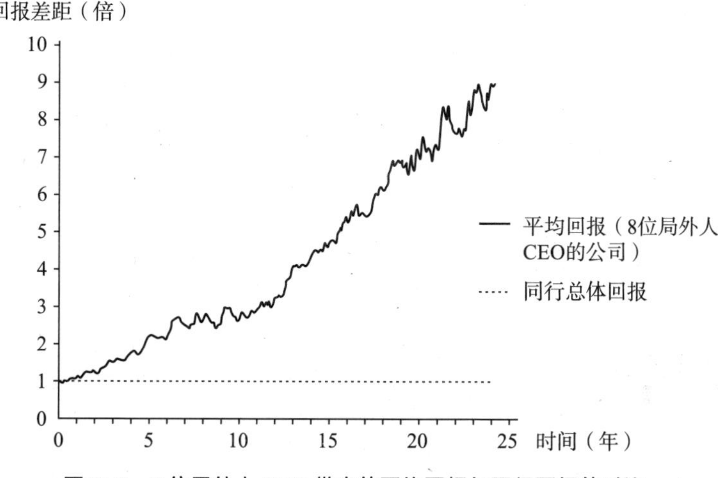

图 P-2　8 位局外人 CEO 带来的平均回报与同行回报的对比

你了解一位出色的 CEO 都做对了什么吗?

扫码鉴别正版图书
获取您的专属福利

扫码获取全部测试题及答案
看看你是否了解出色的
CEO 都做对了什么

- 一名优秀的 CEO 只把功夫下在企业管理方面就够了吗?（ ）

  A. 是

  B. 否

- “首席执行官就是首席投资官。”——这句话出自：（ ）

  A. 巴菲特

  B. 查理 · 芒格

  C. 凯瑟琳 · 格雷厄姆

  D. 迪克 · 史密斯

- CEO 大量曝光有助于提高企业在公众媒体的影响力吗?（ ）

  A. 有助于

  B. 无助于

扫描左侧二维码查看本书更多测试题

目 录

汤姆·墨菲是让巴菲特俯首称臣的管理奇才，是 29 年创造 200 多倍收益的商界领袖！他对效率的追求渗透于公司的每一个毛孔。裁员！裁员！裁员！美国广播公司运营团队从 60 人被砍到 8 人。节省！节省！节省！为减少油漆开支，他命令只刷邻街两面墙……

The Outsiders

Eight Unconventional CEOs and Their Radically Rational Blueprint for Success

引言

像做投资一样做管理

> **约翰·邓普顿** 除非做些与众不同的事情，否则你不可能有卓越的表现。

《纽约客》杂志的供稿人阿图·葛文德（Atul Gawande）① 用"积极型偏离者"这个词来描述医学领域中效率奇高的行动者。在葛文德看来，我们应该研究这些离群值，以便从中吸取经验并提高工作效能。[1]

令人颇感意外的是，商业领域中的那些佼佼者，却没有像在医学、法律、政治、体育等其他领域那样被深入研究。研究了亨利·辛格尔顿的案例之后，在一群天资聪颖的哈佛大学 MBA 学生的帮助下，我开始寻找那些在其所处市场中轻松击败同行和杰克·韦尔奇的其他案例。事实证明，正如本书前言所引用巴菲特的那句话所说的，这些公司和它们的 CEO 确实属于稀有物种。在哈佛商学院贝克图书馆的数据库中进行了大量搜索之

① 葛文德是曾推动奥巴马医改的白宫顾问，他的著作《清单革命》将其在医疗领域的革命风潮推广到建筑、金融、行政等与我们生活息息相关的领域。这本书的中文简体字版已由湛庐引进，北京联合出版公司于 2017 年 10 月出版。——编者注

后，我们只找到了另外 7 家公司符合两个“击败”的条件。

十分有趣，像特利丹公司一样，这些公司和它们的 CEO 通常都不是很有名。很多当下风光的 CEO，若论业绩，都和这些 CEO 判若云泥。

颠覆式创新，“局外人”视角引发的方法革命

在媒体的笔下，以杰克 · 韦尔奇为代表的当代成功的 CEO 是充满魅力、注重行动的领导者，他们在宽敞明亮的办公楼里工作，身边簇拥着勤奋的 MBA 毕业生。他们乘坐公司商务机出差，大多数时间在巡视公司运营状况、会见华尔街分析师并出席各种各样的会议。“摇滚明星”这个词经常用来形容这些在公司间来去匆匆的高管，新公司经常通过一番搜索就招募他们入职，而他们的上一份工作往往是另一家知名公司的高管。

自 2008 年 9 月雷曼兄弟公司倒闭以来，这类备受瞩目的 CEO 一直饱受诟病。这也不难理解，因为在大众的眼中，他们通常贪婪（可能涉嫌欺诈）且无情，他们坐着公司的飞机满世界飞，解雇工人，做一些损害股东价值的大额交易。简而言之，他们非常像美国真人秀节目《飞黄腾达（第一季）》（*The Apprentice 1*）中的唐纳德 · 特朗普（Donald Trump）。在这档节目中，特朗普毫不掩饰自己的贪婪和傲慢，毫无顾忌地自我推销。这些都与美国开国元勋本杰明 · 富兰克林所提倡的价值观背道而驰。

好在辛格尔顿部落的居民改变了人们对 CEO 的刻板印象。他们都是首次担任 CEO，大多数几乎没有什么管理经验，没有人是从高位空降得到这份工作的。除了一个人外，其他人都是所在行业和公司的新人。他们

中只有两人拥有 MBA 学位。作为一个群体，他们没有吸引或寻求聚光灯的照耀，反而在默默无闻的氛围中工作，通常只有屈指可数的内行投资者和狂热爱好者对他们赞赏有加。

作为一个群体，他们分享着传统的、前现代的价值观，包括节俭、谦逊、独立，以及保守与大胆不同寻常的结合。他们通常在简陋的办公室里工作并对此无比自豪，对诸如使用公司飞机等额外福利避之不及，尽可能躲开聚光灯，很少与华尔街或商业媒体打交道。他们还主动远离银行家和其他外部顾问，更喜欢自己的智囊和身边特定的小圈子。富兰克林肯定会喜欢他们的。

这群婚姻美满的中年男性（有一位是女性）过着看似平淡无奇、乐善好施的生活，然而在他们的商业生涯中，他们既不墨守成规，也不沾沾自喜。他们是“积极型偏离者”，骨子里都是不走寻常路的猛士。

“iconoclast”这个词源于希腊语，本意是“粉碎偶像者”。这个词演变到今天，更广泛的含义是指决意与众不同、傲慢地背离世俗规范的人。最初的“粉碎偶像者”来自崇拜偶像的社会或庙宇之外，他们是社会规范和习俗的挑战者，并让古希腊的人们感到异常恐惧。本书中描述的 CEO 们并没有那么可怕，但确实与他们那些远古先祖有着奇妙的相似之处：他们也是局外人，蔑视那些诸如支付股息或避开股票回购等习以为常的传统方法，享受离经叛道的乐趣。

和辛格尔顿一样，这些 CEO 总是做出与同行截然不同的决定。然而，他们并不是盲目的逆向思维者，而是通过仔细分析和用不寻常的财务指标来做出决定，这与行业或华尔街的惯例迥然不同，他们的决定是明智的打破传统的行为。

从这个角度而言，他们的反传统与迈克尔·刘易斯（Michael Lewis）在《魔球》（*Moneyball*）一书中所描述的比利·比恩（Billy Beane）的行为很相似。[2] 比恩是常年缺钱的奥克兰棒球队的总经理，以统计分析为基础，他获得了超越那些有钱的竞争对手的优势。比恩的方法聚焦新指标，比如上垒率和长打率，与传统统计全垒打、打击率和打点“三驾马车”相比，前者与球队的胜率相关性更高。

比恩在分析上的洞察力影响了球队管理的方方面面，如从起草和改变策略到是否在比赛中偷垒或牺牲短打，而他选择不偷垒也不牺牲短打。在所有这些领域中，比恩的做法都非常不正统，但非常成功。尽管比恩的球队在联赛中的薪资总额排名倒数第二位，但在他任职的第一个 6 年中，球队 4 次打进了季后赛。

像比恩一样，辛格尔顿和本书中其他 7 位 CEO 对各自的业务开拓出了独特的、打破常规的方法，这引起了同行和商业媒体的大量评论与质疑。仍然像比恩一样，他们的业绩非常出色，轻轻松松就超越了号称传奇的杰克·韦尔奇和诸多同行对手。

他们的背景五花八门：一个是曾经绕月飞行的宇航员，一个是此前没有商业经验的女性，一个继承了家族企业，两个是量化分析博士，还有一个是以前从未经营过公司的投资人。对 CEO 这个角色来说，他们都是新兵，但是他们却共有两项重要的特性：新颖的视角，以及对理性根深蒂固的坚守。

以赛亚·伯林（Isaiah Berlin）在一篇关于列夫·托尔斯泰的著名文章中，引出了关于“狐狸”和“刺猬”这个富有启发意义的对比：“狐狸”通晓很多事，“刺猬”只知道一件事，但了解得很深入。多数 CEO 是“刺猬”，他们是在某个行业中深耕从而成长起来的，到担任最高职位时，他们对这个行业已经了如指掌。“刺猬”类型的 CEO 有许多积极的属性，包括专业技能的纯熟、专业知识的精通以及对事业的专注。

不过“狐狸”也有许多引人注目的特质，包括跨领域的连接和创新能力。毫无疑问，本书中的 CEO 们都是“狐狸”。他们熟悉其他公司、行业和学科，这种广度转化为新的视角，又反过来帮助他们形成新方法，最终转变成卓越的成果。

破除同侪压力，理性是最好的解毒剂

在 1986 年伯克希尔 - 哈撒韦公司的年报中，巴菲特回顾了他担任 CEO 的前 25 年，得出的结论是：迄今为止他职业生涯中最重要、最惊人的收获是发现了一种神秘的力量，这种力量好比我们在青春期时面对同龄人的压力，这种力量迫使 CEO 们模仿同行的种种行为。巴菲特将这股强大的力量称为“惯性驱使”[①]，并指出它几乎无处不在。巴菲特警告说，想取得成效的 CEO 们必须找到抗拒这种力量的某种方法。

本书中的 CEO 们都设法避开了这种强大驱使力量的潜在影响。怎么做的呢？他们在共同的管理哲学中找到了解药，这是一种世界观，渗透在

① 英文原文为 institutional imperative, 也可译为“制度性强制力”。——译者注

他们的组织和文化中，并推动他们做出企业经营和资本配置的决策。他们彼此独立地提出了自己的管理理念，但令人吃惊的是，尽管行业和环境千差万别，这群高管的经历却惊人地相似。

他们各自经营着高度去中心化的组织，至少进行了一次大规模的收购，制定了基于现金流的不寻常指标，并回购了大量股票。他们中无人支付大量股息或听从华尔街的指导。所有人都受到了来自同行和商业媒体的嘲笑、不解与质疑，所有人在很长的任期内（平均 20 多年）都有令人瞠目结舌、难以置信的表现。

传统的商界分为两大阵营：经营公司的和投资公司的。这些打破传统的 CEO 的经验表明，他们对 CEO 的工作有了新的、更加微妙的定义，这个定义不再强调有号召力的领导能力，而是更加重视对公司资源谨慎配置的能力。

归根结底，这些 CEO 更像投资者，而不是管理者。从根本上说，他们对自己的分析能力很有信心；在极少数情况下，当他们看到公司价值和股票价格之间的巨大差异时，他们已经做好大干一场的准备。当公司的股票价格便宜时，他们就买进，且通常是大量买进；当公司的股票价格高企时，他们就借机收购其他公司或筹集廉价资本，以备未来之需。他们如果不能确定项目是否有吸引力，就会安心地等待，有时会等待很长时间，例如大众影院公司的迪克·史密斯就整整等了 10 年。从长远来看，这种系统化的、有条不紊的低买和高卖相结合，为股东带来了非凡的回报。

·遥远的镜子：1974—1982年·

在评估这些局外人CEO对当下世界的意义时，有必要看看第二次世界大战后他们各自如何掌舵，对比当下的经济衰退，1974—1982年的危机持续时间更长且极为残酷。

1974—1982年，外部石油危机、灾难性的财政和货币政策以及美国历史上最严重的国内政治丑闻交织在一起。一系列负面消息导致了长达8年的严重的通货膨胀、与熊市相伴而行的两次大萧条、高达18%的利率、上涨3倍的油价，以及100多年来美国首位在任总统辞职。1979年8月，在这个黑暗时期的中间点，美国《商业周刊》刊登了一篇著名的封面文章，题为“股票已亡？”

那次经济衰退期充满了不确定和恐惧，以致大多数管理者都袖手旁观。但对于所有的局外人CEO来说，这是他们职业生涯中最活跃的时期，每个人要么施行重大的股票回购计划，要么发起一系列的大型并购，或者像汤姆·墨菲一样二者兼而有之。作为一个群体，用巴菲特的话来描述，当他们的同行深深“恐惧”之时，他们自己却十分“贪婪”（2006年7月24日，巴菲特在与作者的访谈中提到的）。

这种对工作的重塑源于8位CEO共同的不寻常的背景。他们都是商界的局外人，所有人都是第一次担任CEO，其中一半上任时还不到40岁，除一人外其他人都是行业新人。他们不受以往经验或行业惯例的束缚，其业绩的综合记录显示了新视角的巨大力量。作为自古有之的催化剂，新鲜的视角激发着许多领域的创新。在科学领域，范式转换概念的提出者托马斯·库恩（Thomas Kuhn）发现，最伟大的探索几乎总是由行业新兵和奋发有为的年轻人做出的，例如，曾是印刷工人的本杰明·富兰克林在他年近不惑时驯服了闪电，曾是专利审查员的爱因斯坦在 27 岁这一年推导出质能方程 $E=mc^2$。

这种“狐狸”类型局外人的视角帮助这些 CEO 制定了差异化的方法，并影响了他们整体的管理理念。作为一个群体，他们非常独立，通常避免与华尔街来往，不屑于使用外部顾问，他们更喜欢去中心化的组织结构，各部门各司其职。

CEO 的首要目标是追求长期每股价值的最大化

在最近的畅销书《异类》(*Outliers*) 中，作者马尔科姆 · 格拉德威尔 (Malcolm Gladwell) 提出了一条经验法则，即要形成跨领域的专业技能需要 1 万小时的实践。[3] 那么，这群新任 CEO 了不起的成功如何与上述法则相吻合呢？在被委以重任之前，这群 CEO 中显然没有人拥有近 1 万小时的管理履历，或许他们的成功表明了专业技能和创新之间有着重要的区别。

格拉德威尔的法则是技能达到精通水准的指南，这与创新不一定是一回事。正如引言开篇所引用的邓普顿的话所表明的那样，相对卓越的行为需要做些与众不同的事，而这些 CEO 共同世界观的核心是对理性的坚守、对数据的分析、对自我的反思。

这 8 位 CEO 既不是富有魅力的梦想家，也不会为华而不实的战略宣言所迷惑，他们具有务实和求真的性情。通过培养极度的专注力，以及在文化和交流上严谨的态度，他们成功地屏蔽了传统观念的噪声。科学家和数学家经常谈到“繁”的背面是“简”，而这 8 位 CEO 都是量化分析的高手，很多人拥有工程学学位，而不是 MBA 学位；他们拥有化繁为简的天赋，屏蔽了同行和媒体的聒噪，专注于自身企业的核心经济特征。

在本书所有案例中，“化繁为简”使得局外人 CEO 们重视现金流，摒弃盲目追求报告期盈利的所谓华尔街“圣杯”。大多数上市公司 CEO 关注的重点是让企业每季度净利润最大化，这也可以理解，因为这正是华尔街崇尚的标准。但是净利润是一个会失灵的工具，企业的负债水平、税收、资本支出和过去的收购历史的差别，都可能会导致净利润的严重扭曲。

因此，局外人的公司经常有着复杂的资产负债表、积极的收购计划和高负债水平。这些局外人认为，创造长期价值的关键是优化自由现金流。这种对现金的重视影响着他们运营公司的方方面面，如从支付收购费用和管理资产负债表的方式，到会计政策和薪酬体系等。

这种对现金的专心致志是局外人 CEO 们打破传统的基础，这通常与业内同行的方向背道而驰。他们始终如一地专注在少数几个变量上，这些变量塑造了每一家公司的战略。对 20 世纪七八十年代的辛格尔顿来说，它是股票回购；对约翰·马隆来说，它是对有线电视用户数量的不懈追求；对比尔·安德斯（Bill Anders）来说，它是剥离非核心业务；对巴菲特来说，它是保险浮存金的产生和运用。

他们共同世界观的核心是，相信所有 CEO 的首要目标都是追求长期每股价值的最大化，而不是组织规模的增长。这看起来似乎是一个明确的目标，然而在美国商界，有一种根深蒂固的冲动——做大企业。大企业能得到媒体更多的关注，它们的高管往往年薪不菲，并更有可能被邀请加入著名的董事会和俱乐部。因此，很少有企业会主动压缩自己的规模。然而，本书中几乎所有的 CEO 都通过股份回购来大幅缩减自己的股本基数。他们中的大多数还通过资产出售或分拆来缩减业务，对出售或关闭业绩不佳的部门也毫不手软。事实证明，企业规模的增长与股东价值的最大化往往并无关联。

1979 年，辛格尔顿罕见地接受了《福布斯》杂志的采访，他的谈话展现了对现金务实的关注和与之相伴的打破传统的精神，语气中还透露出一丝强硬。辛格尔顿说："在收购了一些企业之后，我们对企业进行了反思。我们得出的结论是，现金流就是关键……我们对创造现金和管理资产的态度，来自我们自己的思考。"辛格尔顿还补充了一句，似乎他认为这个补充很有必要："这一点思考绝非照搬他人。"[4]

The Outsiders

Eight Unconventional CEOs and Their Radically Rational Blueprint for Success

特质 1

效率决定生死
汤姆·墨菲和首府广播公司

The Outsiders

- 他是 29 年创造 204 倍收益的商界传奇，他是巴菲特的管理学导师。
- 他是伯克希尔 - 哈撒韦公司、德士古、强生、IBM 公司董事，纽约大学基金受托人及荣誉副主席。
- 他为他的股东协商到了一个天价，足足 190 亿美元，是公司现金流的 13.5 倍、净收入的 28 倍。

他是

汤姆 · 墨菲

TOM MURPHY

沃伦·巴菲特　汤姆·墨菲和丹·伯克（Dan Burke）可能是管理领域最伟大的二人组，他们的组合前无古人，后无来者。

在商学院课堂上的演讲中，巴菲特经常将墨菲的公司（大都会通信公司，以下简称大都会）和哥伦比亚广播公司（CBS）之间的竞争，比作皮划艇和“伊丽莎白二世”邮轮之间横跨大西洋的竞赛，以说明管理对长期回报的巨大影响。

“内卷”，细嚼慢咽式兼并

1966年墨菲出任大都会CEO时，传奇人物比尔·佩利（Bill Paley）经营的哥伦比亚广播公司是美国媒体行业的霸主，它的电视台和广播电台占据了市场的最大份额，它还拥有收视率最高的广电网络，以及价值不菲的出版和音乐版权。相比之下，当时的大都会只有5家电视台和4家广播电台，占据的市场份额很小。哥伦比亚广播公司的市值是大都会的16倍。然而，30年后，当墨菲将公司出售给迪士尼时，大都会的市值是哥伦比亚广播公司的 3 倍。换句话说，皮划艇赢了，还赢得毫不含糊。

那么，这两家公司之间看似不可逾越的鸿沟是如何弥合的呢？答案在于完全不同的管理方法。

哥伦比亚广播公司在 20 世纪六七十年代的大部分时间里，通过其网络和广播业务获取了巨大的现金流，同时投资了激进的收购项目，包括收购一家玩具公司和纽约扬基棒球队，这让它进入了全新的领域。哥伦比亚广播公司发行股票，为一些收购项目提供资金，并在曼哈顿市中心斥巨资建造了一座地标性的办公大楼，建立了一个由 42 位总裁和副总裁组成的公司架构。以上这些总体印证了巴菲特的合伙人查理·芒格所说的一句话："为了面子，丢了里子。"[1]

佩利在哥伦比亚广播公司的战略与综合企业集团时代的传统认知是一致的，它支持"多元化"和"协同效应"那难以捉摸的好处，以证明收购不相关业务的合理性，并幻想这些业务一旦与母公司合并，会神奇地产生更多利润并抵御经济周期的影响。佩利的核心战略是将哥伦比亚广播公司的规模做大。

相反，墨菲的目标是让他的公司更有价值。正如他对我所说："我们的目标不是拥有最长的火车，而是使用最少的燃料率先抵达车站。"[2] 在墨菲和他的副手丹·伯克的领导下，大都会摒弃了多元化，他们创建了一个异乎寻常的新型综合企业集团，专注此前熟悉的媒体业务。墨菲收购了更多的广播电台和电视台，经营得顺风顺水。他还定期回购公司股票，最终收购了公司的竞争对手——美国广播公司（ABC），其结果不言而喻。

让墨菲超越佩利的“伊丽莎白二世”邮轮的公式看似简单：专注于具有诱人的经济特性的行业，偶尔利用杠杆有选择地购买大型资产，改善运营，偿还债务，周而复始。正如墨菲在接受《福布斯》采访时简明扼要地提到的：“我们只是不断地看准时机购买资产，明智地利用杠杆发展公司，改进运营，然后我们……就只等着坐享其成。”[3]然而有趣的是，其他媒体公司的同行并没有走这条路。相反，他们倾向于像哥伦比亚广播公司一样紧跟时尚，向不相关的业务领域延伸以发展多元化，建立庞大的员工队伍，并为无尽的媒体版权支付过高的费用。

墨菲领导下的大都会是一个非常成功的例子，我们现在称之为“上台阶”。典型的“上台阶”就是一家公司收购了一系列业务并试图改善其运营，然后继续收购。随着时间的推移，公司从规模优势和最佳管理实践中获利。这一概念在20世纪90年代中后期开始流行，并在21世纪初随着许多头部企业在过重的债务负担下倒闭而消失。这些企业的失败通常是因为它们收购得太快，但对于收购整合以及运营改善的难度与重要性都估计不足。

墨菲“上台阶”的方法不太一样。他稳扎稳打，让公司形成了真正的运营优势，对少数几次大型收购，他胸有成竹且全神贯注。在墨菲的领导下，大都会企业运营和资本配置的结合达到了不同寻常的卓越程度。正如墨菲告诉我的：“生意的诀窍就是将每天很多的小决定和几个大决定混在一起。”

专注战略，CEO的工作新重心

墨菲1925年出生于纽约的布鲁克林区，第二次世界大战期间曾在美国海军服役。得益于罗斯福总统签署的《退伍军人安置法案》（*GI Bill*）的规定，战后他就读并毕业于康奈尔大学，他是大名鼎鼎的哈佛商学院 1949 级的杰出成员，这一届的毕业生包括一位未来的美国证监会主席、众多成功的企业家以及《财富》500 强的 CEO。从哈佛商学院毕业后，墨菲曾担任消费品包装巨头利华兄弟（Lever Brothers）的产品经理。老天爷和他开了个玩笑，1954 年，滴酒不沾的他在父母位于纽约州斯克内克塔迪市（Schenectady）的家中参加一个夏季鸡尾酒会，他的生活从此发生了不可逆转的变化。墨菲的父亲是当地著名的法官，他当时还邀请了自己的老朋友弗兰克·史密斯（Frank Smitch）来参加鸡尾酒会。弗兰克是著名广播记者洛威尔·托马斯（Lowell Thomas）手下的业务经理，拥有丰富的创业经验。

弗兰克见到墨菲后，立刻把他引到隔间，告诉墨菲自己最近启动的商业项目——WTEN，这是一家在奥尔巴尼市（Albany）苦苦挣扎的超高频电视台，弗兰克刚刚在破产危机中收购了它。该电视台坐落在一个废弃的修道院旧址内。夜幕降临之前，年轻的墨菲同意辞去他在纽约那份受人尊敬的工作，搬到奥尔巴尼市去管理电视台。墨菲既没有广播电台方面的工作经验，也没有任何相关的管理经验。

从一开始，弗兰克就在曼哈顿市中心的办公室管理公司，日常业务则由墨菲负责。在经历了几年的运营亏损之后，墨菲通过改进节目和积极的成本管理，把电视台变成了一个创造源源不断的现金的引擎。这个方法在此后几年被该公司反复运用。1957 年，弗兰克和墨菲在北卡罗来纳州的罗利郡（Raleigh）买下第二家电视台，那里以前是一个疗养院。在罗得岛州的普罗维登斯（Providence）增设第三家电视台后，公司更名为大都会通信公司。

1961 年，墨菲聘请了 30 岁的丹·伯克。虽然丹·伯克毕业于哈佛大学并拿到了工商管理硕士学位，但他此前也没有广播电视方面的经验，墨菲还是将自己在奥尔巴尼电视台的工作交给了丹·伯克。20 世纪 50 年代末，丹·伯克最初是由他的哥哥吉姆·伯克（Jim Burke）介绍给墨菲的。吉姆·伯克是墨菲在哈佛商学院的同学，也是强生公司一位处于上升期的年轻高管，后来他成为强生公司的 CEO，并因 20 世纪 80 年代中期对“泰诺危机”的处理而饱受赞誉。丹·伯克曾在军队中服役，然后进入哈佛商学院并于 1955 年毕业。之后丹·伯克加入了通用食品公司，担任果冻部门的产品经理。丹·伯克在 1961 年与大都会签约，墨菲很快向他灌输了精简机构和去中心化的经营理念。在这个领域，丹·伯克最终也成为一代宗师。

墨菲随后搬到纽约与弗兰克合作，通过收购来建构公司。在接下来的 4 年里，在弗兰克和墨菲的领导下，大都会精挑细选，收购了更多的广播电台和电视台并发展壮大，直到 1966 年弗兰克去世。

弗兰克去世后，40 岁的墨菲成为大都会的 CEO，该公司上一年的收入仅为 2 800 万美元。墨菲上任的第一件事就是将丹·伯克提拔为公司总裁兼 COO（首席运营官）。墨菲和丹·伯克的合作非常出色，他们的分工极其明确：墨菲负责收购和资本配置，以及偶尔与华尔街互动；丹·伯克负责日常运营管理。正如丹·伯克所说：“我们的关系建立在相互尊重的基础上。墨菲不感兴趣的事情，我正好有兴趣也愿意去做。”丹·伯克认为：“我的工作是创造自由现金流，墨菲的工作是把它们花掉。”[4] 丹·伯克的例子说明了本书中那些异常强大的 COO 所扮演的核心角色，他们对公司运营的密切关注，使他们的合作伙伴——那些 CEO 能够集中精力去应对长期战略和资本配置的问题。

一旦坐上 CEO 的位子，就没有什么能够阻止墨菲建功立业了。1967 年，墨菲以 2 200 万美元收购了美国广播公司在休斯敦的分支机构 KTRK，这是当时广电史上最大的一笔收购。1968 年，墨菲以 4 200 万美元收购了贸易杂志的头部出版商仙童通信（Fairchild Communications）。1970 年，墨菲以 1.2 亿美元从沃尔特・安嫩伯格（Walter Annenberg）手中收购了广播公司三角洲通信（Triangle Communications），这是墨菲最大的一笔收购。这笔交易之后，大都会拥有 5 个甚高频电视台，达到了当时美国联邦通信委员会允许的上限。

接下来，墨菲将注意力转向了报纸出版业。作为广告驱动型行业，报纸出版业具有诱人的利润和强大的竞争壁垒，这与广电业非常相似。20 世纪 70 年代初，在购买了几家小型日报后，墨菲在 1974 年以 7 500 万美元收购了《沃斯堡电讯报》（*Fort Worth Telegram*），1977 年以 9 500 万美元收购了《堪萨斯城星报》（*Kansas City Star*）。1980 年，为了寻找相关业务的其他增长渠道，墨菲以 1.39 亿美元收购了 Cablecom 公司，从而进入了刚刚起步的有线电视领域。

效率传导，“蛇吞象”背后的基础逻辑

在 20 世纪 70 年代中期至 80 年代初漫长的熊市期间，墨菲积极地购买了自己公司的股票，最终接近总股本的 50%。当时，其买入的大部分股票的市盈率都是个位数。1984 年，美国联邦通信委员会放宽了电视台所有权的管理规定。1986 年 1 月，墨菲从朋友巴菲特那里获得融资，完成了他的得意之作，以近 35 亿美元收购了美国广播公司及其相关广电资产，包括纽约、芝加哥、洛杉矶重要市场的电视台。

美国广播公司的交易是截至当时商业史上最大规模的非石油和天然气交易，对墨菲而言也是孤注一掷，收购价超过大都会市值的 100%。这次收购震惊了传媒界，《华尔街日报》头条将其戏称为“小鱼吞鲸”。在交易结束时，丹·伯克对媒体投资人戈登·克劳福德（Gordon Crawford）说：“我穷其一生做的准备，就是为了等待这场收购。”[5]

这次交易的核心经济理由是，墨菲坚信他可以把美国广播公司的利润率（30% 以下）提高到大都会所代表的行业领先水平（50% 以上）。在丹·伯克的管理下，美国广播公司的管理团队从 60 人减少到 8 人，美国广播公司旗下电视台之一纽约 WABC 旗舰电视台的人数从 600 人减少到 400 人。仅用了两年时间，利润率的差距就弥合了。

精简机构，削减一切不必要的费用

在贯彻大都会精简机构、去中心化的方法上，丹·伯克和墨菲几乎没有浪费一分钟，他们立即削减不必要的额外补贴，比如高管专用电梯和私人餐厅，并迅速采取行动裁撤冗余的职位，在交易结束后的头几个月里裁掉了 1 500 名员工。他们还整合了办公室，出售了无用的不动产，比如通过出售曼哈顿闹市区的总部大楼就回笼了 1.75 亿美元。正如美国广播公司新闻部的鲍勃·泽尔尼克（Bob Zelnick）所说：“20 世纪 80 年代中期以后，我们坐飞机就不能坐头等舱了。”[6]

从那个时候开始流传的一则故事说明了美国广播公司的 CEO 与崇尚精简、更具创业精神的收购者之间的文化冲突。不仅美国广播公司，事实上整个广播电视行业都崇尚豪华轿车文化，对于一个行业内的高管来说，最珍视的特权之一就是能坐着豪华轿车穿越几个街区去吃一顿午餐。然而和这些高管相比，墨菲一直搭乘出租车，从很早的时候起，他就乘出租出席美国广播公司的所有会议。不久，这一做法在美国广播公司高管队伍中激起涟漪，大都会的风气逐渐渗透到美国广播公司的文化中。当被问及这是否是一个以身作则的案例时，墨菲回答说："难道还有别的说法吗？"

在并购交易之后的 9 年时间里，美国广播公司的每一条主要业务线，包括电视台、出版资产和娱乐与体育电视网（ESPN）的收入及现金流都大幅增长。即便是在收购时排名倒数第一位的广播电台，黄金时段的收听率也攀升到第一，盈利能力超过了哥伦比亚广播公司和美国国家广播公司（NBC）。

在美国广播公司交易之后，大都会再没有进行过任何大规模收购，而是专注于整合、小规模收购和持续的股票回购。1993 年，丹 · 伯克过完 65 岁生日之后就从大都会退休了，这让墨菲感到很惊讶。丹 · 伯克随后收购了波特兰海狗棒球队（Portland Sea Dogs），在他的监管之下，特许经营权再度重生。这支队伍现在是小联盟中最受尊敬的球队之一。

1995 年夏天，艾伦公司（Allen & Company）在爱达荷州太阳谷举行年会，传媒业大亨相聚一堂，巴菲特建议墨菲与迪士尼 CEO 迈克尔 · 艾斯纳（Michael Eisner）坐下来谈一谈。墨菲当年 70 岁，没有合适的继任者，他同意与艾斯纳会面，后者曾表示有意收购大都会。几天后，墨菲为大都会的股东们谈妥了 190 亿美元的售价，相当于公司现金流的 13.5 倍，净利润的 28 倍。迪士尼董事会为墨菲保留一席，他随后从一线退休。

墨菲身后是一群欣喜若狂的股东。如果你在 1966 年墨菲担任 CEO

时向他投资1美元，那么当他把公司卖给迪士尼时，这1美元已经升值到204美元。在29年时间里，内部回报率达到惊人的19.9%，大大超过同期标准普尔500指数的回报率（10.1%）和传媒板块领先指数的回报率（13.2%）。巴菲特也从中获利颇丰，他的伯克希尔－哈撒韦公司在对大都会10年的持股期内年复合回报率超过20%。如图1-1所示，在墨菲任职的29年里，大都会的回报惊人地达到标准普尔500指数的17.7倍，达到同行水平的近4倍。

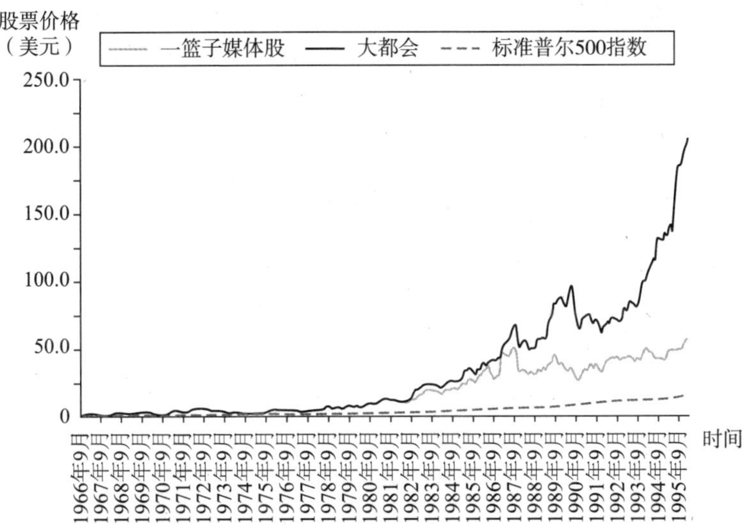

注：一篮子媒体股包括塔夫特通信（1966年9月—1986年4月）、都市传媒（1966年9月—1980年8月）、时代明镜（1966年8月—1995年1月）、考克斯通信（1966年9月—1985年8月）等。

图1-1 大都会的股票价格走势

The
汤姆·墨菲的方法
Outsiders

本书的主题之一就是资源配置。

任何一位 CEO 都需要配置两种基本的资源：财务和人力。我们已经谈及了前者，然而后者也极为重要。那些局外人 CEO 对后者的配置也共享了一条非传统的路径，即强调扁平化的组织形式和公司员工的精简再精简。

去中心化，经营哲学的基石

局外人 CEO 们对去中心化有一种由衷的认同，即承认公司总部并不总是拥有所有问题的答案，许多真正的价值是当地具体业务部门的管理人员创造的。没有一家公司像大都会那样把去中心化放在企业价值观的核心位置。

在大都会每年年报封面的背页都有一段简短的文字："去中心化是我们经营理念的基石。我们的目标是尽可能雇用最优秀的员工，并赋予他们履行工作所需的责任和权利。所有的决定都是分公司属地的业务部门做出的……我们希望我们的经理……永远注重成本，认准并开拓产品的销售潜力。"这段文字代表了大都会文化的特点，即运营经理拥有充分的自主权。

公司总部员工经过精简，其主要职能变为支持运营部门总经理的工作。没有市场营销、战略规划或人力资源等职能领域的副总裁，没有公司法律顾问，也没有公共关系部门。当时，墨菲的秘书负责处理所有来自媒体的电话。在大都会的企业文化中，出版商和电台管理者在内部拥有权力和威望，他们只要达到了各自的业绩目标，就几乎不会收到纽约总部的指示。这种环境是为那些独立自主、锐意进取的总经理设置的，同时环境也在促进他们的成长。公司在人力资源方面的指导理念，被墨菲无数次反复强调，即“雇用你能找到的最佳人选，然后放手让他们干”。丹·伯克曾经告诉我，公司去中心化的极致做法“降低了成本和积怨”。

在去中心化理念的发展过程中，丹·伯克自己就曾经充当过实验的小白鼠。那是 1961 年，在接任 WTEN 总经理后，伯克按照他之前在通用食品公司接受的培训，开始每周向墨菲发送工作报告。好几个月都没有收到任何回复后，丹·伯克停止了发送，并意识到与其花时间向总部汇报，不如花时间在当地用心经营。正如丹·伯克描述他早年在奥尔巴尼市的经历时所说：“墨菲代表了无政府状态。”[7]

节俭、防范收益“肿块”

节俭也是大都会企业文化的核心。墨菲和丹·伯克很早就意识到，虽然你不能控制电视台的收入，但你可以控制成本。这一点已深植于公司文化之中，他们认为，作为广告驱动型商业，电视台收入不稳定是结构性的，最好的防御措施是时时刻刻对成本保持警惕。

事实上，在那些最早的、最常被提及的企业传闻中，有一个是这样的：墨菲甚至仔细审查了公司在涂料方面的支出。在墨菲抵达奥尔巴尼市后不久，弗兰克为了向广告商展示专业形象，请墨菲把工作室所在的破旧的修道院粉刷一番。墨菲立刻实施，但是仅仅粉刷了面向道路的两面，其他面保持原样（真正的“永远注意成本”）。这栋建筑物的照片至今仍挂在墨菲纽约的办公室里。

墨菲和丹·伯克认为，即使是最小的经营决策，特别是那些与员工人数有关的决策，都可能会产生无法预见的长期成本，因此需要持续关注。出版部门负责人菲尔·米克（Phil Meek）将这一点牢记在心，他的总部只有 3 个人，其中还有一名是行政助理。这 3 个人担负起全部的出版业务，包括 6 家日报、几家杂志集团和每周购物指南。

丹·伯克追求经济效益的热忱为他赢得了“红衣主教”的绰号。为了管理公司分散在各地的业务，丹·伯克制定了年度预算流程，其详细程度堪称传奇。每一位总经理每年都会到纽约参加预算扩大会议。在这些会议上，管理层提出了下一年的运营和资本预算，丹·伯克和他的首席财务官（CFO）罗恩·德夫勒（Ron Doerfler）则逐条详细讨论这些预算的细节。有趣的是，丹·伯克对砍掉个别招聘缺口和对砍掉过高成本的态度一样强硬。

预算会议绝不是走走过场，而是几乎总能带来实质性的变化，资本支出和各项费用在会议中得到特别关注。公司希望经理人的业绩超越同行，并时刻关注利润率，丹·伯克将其视为“某种成绩单”。在这些会议之外，经理们拥有绝对的自主权，有时几个月都不会接到总部的通知。

然而，公司并不是简单地抄近路奔着高回报率而去的，而是同样重视为了长期增长而进行的投资。墨菲和丹·伯克意识到，他们大部分业务盈利的关键驱动力是用户增长和广告市场份额的扩大，于是他们做好了对企业投资的准备，以确保在当地市场的领导地位。

例如，墨菲和丹·伯克很早就意识到，在当地新闻节目中排名第一的电视台，其广告收入的市场份额最终会大到夸张的地步。因此，大都会以的电视台总是在新闻人才和技术方面投入巨资。引人注目的是，大都会的几乎每一家电视台都在当地市场处于领先地位。又如，由于丹·伯克意识到彩色印刷对保持《沃斯堡电讯报》竞争地位的重要性，他坚持花大笔资金来升级沃斯堡印刷厂，金额比米克所要求的还多。正如早期雇员菲尔·贝斯（Phil Beuth）所说："公司花钱很谨慎，但绝不小气。"[8]

寻找"狐狸"

同时，大都会的招聘政策也不同寻常。墨菲和丹·伯克在加入大都会之前没有任何广播行业的经验，他们明显更看重员工的智力、能力和职业驱动力，而非直接的行业经验，他们在寻找有天赋的、有全新视角的"年轻狐狸"。当公司完成收购或进入新行业时，大都会会指派一位高层管理人员来管理这项新的资产，这位高管通常来自一个并不相关的部门。正是在这样的情况下，曾经经营着底特律旗舰电台 WJR 的比尔·詹姆斯（Bill James），被任命为有线电视部门的负责人；而以前是出版部门领导的约翰·赛厄斯（John Sias）则接手了美国广播公司电视网。两人都没有任何行业经验，最终却取得了非凡的业绩。

墨菲和丹·伯克也乐于把责任托付给年轻有为的经理人。正如墨菲向我描述的那样："我们很幸运能拥有他们，并且知道他们可以胜任。"接手 WJR 电台时，詹姆斯 35 岁，没有电台工作经验；从福特汽车公司转行执掌庞蒂亚克出版社（Pontiac Press）时，米克 32 岁，没有出版经验；从纽约搬到好莱坞负责美国广播公司的娱乐节目时，鲍勃·伊格（Bob Iger）37 岁，他此前的职业领域是体育类广播节目。

大都会的员工流失率也低得出奇。罗伯特·普赖斯（Robert Price）是大都会广播业务的竞争对手，他曾经提到：“我们总能看到大量的求职简历，但其中从来没有来自大都会的员工。”[9] 丹·伯克向我提及他与弗兰克曾讨论过的这种用人哲学的有效性，他记得弗兰克这样说：“体制让你拥有如此充分的自主权和自决权，以致你深陷其中无法自拔。”

收购，墨菲的地盘

在资本配置领域，墨菲的做法与同行截然不同。他摒弃多元化经营，支付最低股息，很少发行股票，积极利用债务杠杆，定期回购股票，经过很长的蛰伏期才偶尔进行一次大规模的收购。

大都会的两个主要资金来源是内部经营现金流和举债。正如我们看到的，大都会持续产出大量的、行业领先水平的经营现金流，为墨菲的资本配置提供了可靠的资金来源，让他可以进行收购、回购、偿债和其他投资选择。

墨菲也经常借助债务融资来筹集收购资金，他曾经这样总结自己的方法：“通常来说，我们付清款项后就获得了这些资产，然后再以这些资产为基础，获得杠杆资金去购买其他资产。”[10] 在完成收购后，墨菲会积极配置自由现金流以降低债务水平，负债通常能提前还清。收购美国广播公司的大部分债务在交易后三年内就已经偿还。有趣的是，墨菲从不借钱进行股份回购，而更喜欢利用债务杠杆来收购正在运营的业务。

墨菲和丹·伯克极力避免增发股票对股权的稀释。除了出售股票给伯克希尔–哈撒韦公司以获得收购美国广播公司的资金以外，在和迪士尼公司交易之前的20年内，大都会都没有发行过新股。在这段时间内，由于反复回购，大都会的总股本缩水47%。

在墨菲的任期内，收购无疑是大都会最大的出路。最近的研究显示，市面上大约2/3的收购行为，实际上有损于股东利益。那么，为什么大都会的收购却创造了如此巨大的价值呢？收购属于墨菲的职责范围，他将大部分时间都花在这个领域。他从不把收购决策委托他人，也从不聘请投资银行家。随着时间的推移，在那些显著并且意义重大的方面，墨菲总结发展出一种独特的方法，既有效又不同于竞争对手。

对墨菲而言，作为资本配置者，公司极致的去中心化策略有其重大好处：它使得公司盈利能力高于同行，在每一条业务线上，大都会的利润率都是最高的，这反过来又让墨菲在收购上占据了优势。墨菲能够买入资产，并且知道这些资产在丹·伯克的管理下很快就可以看到利润，从而变相地降低了实际的收购价格。换句话说，大都会的经营和专业领域的整合，有时候会在商业领域给墨菲带来罕见的商品：确定性。

在获得确定性后，墨菲便做好了积极行动的准备。在他的领导下，大都会的收购近乎激进，在三个不同的时期，分别完成了广播行业史上最大规模的交易，并在对美国广播公司的大型交易中达到顶峰。在这段时期内，除了广播、有线电视、杂志出版等行业的交易，大都会还参与收购了全美规模最大的几家报纸。

墨菲愿意为了一次诱人的收购而等待很久，他曾说：“我拿薪水不光是为了做成买卖，而是为了做好买卖。”[11] 然而，当看到自己喜欢的东西时，墨菲会毅然决然地押上重注。在近 30 年的 CEO 任期内，墨菲创造的价值在很大程度上是少数几次重大收购决定的结果，每一次都带来了良好的长期回报。每一次收购的成交金额都占到大都会市值的 25% 甚至更多。

对于交易前景的展望，墨菲堪称大师。他以风趣幽默和诚实正直而著称。与其他媒体公司的 CEO 不同的是，墨菲选择远离公众的视野，尽管在收购美国广播公司之后，离开公众视野在实际上变得更加困难。但这些特质有助于他发现潜在的收购机会。墨菲知道自己想买什么，他会花费数年时间与他中意的理想资产的所有者建立联系。墨菲从未参与过恶意并购，大都会完成的每一笔重大交易都是通过与卖方的直接联系而获得的，如三角洲通信的安嫩伯格以及美国广播公司的伦纳德·戈登森（Leonard Goldenson）。

墨菲通过公平对待员工并认真经营，使那些被他收购的企业在市场上始终处于领先地位，他努力工作让自己成为被优先考虑的买家。1984 年，当墨菲与戈登森接洽收购美国广播公司时，他的好名声起到了积极的促进作用。墨菲以典型的自嘲风格开始他的演讲：“戈登森，请不要把我扔出窗外，即使我真的想收购你的公司。”

然而，这副和善友好的外表下，潜藏着一颗极其敏锐的商业头脑。墨菲是一位非常自律的买家，对回报有着严苛的要求，不会为收购放宽标准。他曾经因为 500 万美元的价差，放弃了一笔极大规模的报纸业收购，涉及三家得克萨斯州的公司。与本书中的其他局外人 CEO 一样，他在评估交易时依赖简单但十分有效的法则。对墨菲来说，这一基准是：企业在没有杠杆的情况下经营，10 年内的税后回报率达到两位数。由于这种定价原则，尽管他参加了许多竞拍，但从未中标。墨菲告诉我，他的拍卖出价通常只是最终成交价的 60%~70%。

墨菲有着一种不寻常的谈判风格，他认为“让卖家赚点儿”无可厚非，并觉得最好的交易是能让每个人高高兴兴地离开。墨菲经常先问卖家，他们认为自己的资产值多少钱，如果认为卖家出价合理，他就会接受。就像安嫩伯格告诉他，三角洲通信的价值是税前利润的 10 倍一样。如果觉得他们的价格太高，墨菲会报出自己的最高出价，如果卖家拒绝了他的提议，墨菲就会走开。墨菲认为这种直截了当的方法既节省时间，又避免了双方不必要的相互挑刺儿。

股份回购是墨菲另一个重要的渠道，为其提供了重要的资本配置基准，多年来被他频繁使用。如果公司的市值低于企业全部私有化后的估值，墨菲就会在公开市场买回自己的股票。多年来，墨菲在回购上投入了超过 18 亿美元，大多数的交易发生之时，公司市值相较于现金流的倍数仅停留在个位数。总体而言，这些回购对公司来说是一场豪赌，资金规模仅次于和美国广播公司的交易。但它们为股东创造了丰厚的回报，19 年来累计复合回报率为 22.4%。正如墨菲今天所言：“我只希望当初多买一些。”

跨界吞并：墨菲的方法引爆出版业

1970 年，在大都会完成和三角洲通信的交易后，美国联邦通信委员会禁止大都会拥有更多的电视台。因此，墨菲将注意力转向报业。

1974—1978 年，墨菲发起了当时报业史上最大的两笔交易，收购了《沃斯堡电讯报》和《堪萨斯城星报》，并在美国各地购买了若干家规模较小的日报和周报。

公司报业出版部门的业绩犹如一块有趣的试金石，以检验其经营技巧。在吉姆・黑尔（Jim Hale）和米克的领导下，大都会运营电视台的经验在对报刊业务的管理上持续进化。这种方法强调谨慎的成本控制和最大限度地扩大广告市场份额。

引人注目的是，从公司 4 家主要报纸的经营情况来看，其收入和经营现金流持续逐年增长。尤其让人惊讶的是，这些于 1997 年卖给奈特・里德公司（Knight Ridder）的资产，在平均 20 年的持有期内，总体来说产生了 25% 的复合收益率。据《堪萨斯城星报》的出版商鲍勃・伍德沃思（Bob Woodworth，他随后担任了普利策公司的 CEO）所说，作为公司发行量最大的报纸，《堪萨斯城星报》的营业利润率从 20 世纪 70 年代中期的个位数提升到 1996 年的 35%，而现金流则从 1 250 万美元增长到 6 800 万美元。

大都会惊人的长期表现赢得了美国国内顶级媒体投资人的赞赏。巴菲特和马里奥・加贝利（Mario Gabelli）分别用他们各自时代的扬基棒球队和大都会做类比，用曾经传奇的击球手来类比墨菲和丹・伯克的管理业绩。巴菲特就好比贝比・鲁思和美国历史上的传奇棒球运动员卢・格里克（Lou Gehrig），加贝利就好比米奇・曼托（Mickey Mantle）和罗杰・马里斯（Rogor Maris）。戈登・克劳福德是美国最有影响力的媒体投资人之一，从 1972 年开始一直是《纽约时报》的股东，直到大都会和迪士尼完成交易，他是其最大的股东之一。克劳福德认为墨菲和丹・伯克实现了资本配置技能和企业运营技能的完美结合，造就了一台“产生回报的永动机”。[12] 大都会的追捧者还包括鲁安坎尼夫（Ruane, Cunniff）公司的比尔·鲁安（Bill Ruane）、道富研究公司（State Street Research）的戴维·沃戈（David Wargo）。

引领全行业变革：大都会的企业文化和商业模式

20 世纪 90 年代中后期，赛厄斯将大都会在运营和人力资源方面的独特做法成功移植到西海岸一家名为年鉴（Chronicle）的出版集团上。赛厄斯是大都会出版事业部和美国广播公司新闻网的前负责人，他于 1993 年担任年鉴出版集团的 CEO，这是一家多元化经营的家族式企业，总部位于旧金山。

年鉴出版集团旗下有报纸《旧金山纪事报》（*San Francisco Chronicle*）、美国国家广播公司旧金山分部 KRON、30 万名有线电视用户以及一家图书出版公司。在赛厄斯到来之前，家族矛盾已经让公司四分五裂，公司运营也受到了影响。赛厄斯和他年轻的 CFO 艾伦·尼科尔斯（Alan Nichols）不失时机地采用了大都会的制度，彻底改变了公司的运营模式。他们立即辞退了公司总部整整一层楼的高管，制定了严格的预算流程，并赋予了总经理很大的自主权和自决权，这期间有许多人在新的、要求更高的企业文化中感到不适应，在一年内纷纷离职。

令人震惊的是，在这期间 KRON 的利润率提高了 2 000 个基点，从 30% 提高到 50%，并最终在 2000 年 6 月以 7.3 亿美元的价格出售；《旧金山纪事报》通过与《旧金山观察家报》（*San Francisco Examiner*）建立的新型联营模式，营业利润率翻了一番多，从 4% 上升到 10%，最终赫斯特集团（Hearst）在 1999 年以 6.6 亿美元的天文数字买下了这家报社。赛厄斯和尼科尔斯还以免税的方式将有线电视用户并入 TCI，并以诱人的价格将图书部门出售给一位家族成员。在为公司股东创造了数亿美元的价值后，赛厄斯于 1999 年退休。

美国国家橄榄球联盟（NFL）中许多成功的教练曾经为比尔・沃尔什（Bill Walsh）工作过；很多成功的外科医生 20 世纪五六十年代曾在弗朗西斯・穆尔（Francis Moore）领导下的波士顿彼得・本特・布里格姆医院（Peter Bent Brigham Hospital）工作过。同样，传媒界到处都是大都会的门徒。大都会的文化和运营模式广受赞誉，除了年鉴出版集团的赛厄斯外，公司的前高管们还在各种媒体公司担任高层管理职位，数量多到令人目眩，其中首开先河的就是如今由伊格执掌的华特迪士尼。大都会的门徒占据的管理者岗位还包括林氏广播公司（LIN Broadcasting）CEO、普利策公司 CEO、赫斯特集团公司 CFO 和斯克里普斯公司（E. W. Scripps）报业部门负责人等。丹・伯克的儿子史蒂夫曾任康卡斯特公司（Comcast）的 COO，现任美国国家广播公司环球公司的 CEO。

尽管本书的焦点是可量化的企业绩效，但更值得称道的是，墨菲把大都会缔造成了一家广受赞誉的公司，使其拥有异常强大的企业文化和团队精神（至少有两个不同的高管群仍在定期聚会）。除了华尔街分析师外，大都会还受到员工、广告商和社会贤达的广泛尊重。米克给我讲过一个故事：在一次管理层团建活动中，他遇到一位调酒师，该调酒师通过在 20 世纪 70 年代初购买大都会股票获得了丰厚的回报。当一位高管后来问他为什么要进行这笔投资时，调酒师回答："这些年来，我为很多公司的会务活动工作过，但大都会是唯一一家你不知道谁是老板的公司。"[13]

Transdigm：一个当代复制品

Transdigm 可能是大都会在当代的复制品，这家上市公司知名度不高，主营航空器配件。从 1993 年开始，通过内部增长和一次非常出色的收购，Transdigm 的现金流复合增长率超过 25%。与大都会一样，这家公司专注于具有特殊经济特征的具体业务。

就 Transdigm 而言，其专业领域是高度精细的航空零部件。这些零部件一旦组装到军用或商用飞机上，就无法轻易被替代，需要定期维护和更换，它们对飞机的性能至关重要，但其成本相对于飞机的总成本而言微不足道。因此，他们的客户，最大的军用和商用飞机制造商更注重产品性能而不是价格，于是该公司同时拥有了定价权和出色的盈余。按照税息折旧及摊销前利润（EBITDA）计算，其现金流利润率高达 40%。

由 CEO 尼克·豪利（Nick Howley）领导的 Transdigm 管理团队，在 20 世纪 90 年代初就意识到了企业自身这些卓越的经济特征，为了优化这些专业零部件业务的盈利能力，形成了高度去中心化的公司结构和运营体系。豪利和大都会的墨菲一样，知道自己的团队将能够快速地、显著地提高被收购公司的盈利能力，从而变相降低实际支付的收购价格，这都为未来的收购提供了令人信服的逻辑支撑。

自上市以来，Transdigm 公司还采取了不寻常的、激进的资本配置策略，这一策略在华尔街引发了相当多的评论和困惑：一直保持高杠杆率，回购股票，在曾经一次金融危机巅峰时刻宣布发放高额的通过举债来融资的特别分红。毫无悬念，公司股东的回报也非常出色，自 2006 年公司首次公开发行股票以来，其股价已经翻了 4 倍。

The

Eight
Unconventional CEOs
and Their Radically Rational
Blueprint for Success

特质 2

聚焦资本配置
亨利·辛格尔顿和特利丹公司

Outsiders

The Outsiders

- 他用 27 年创造 180 倍收益，被誉为巴菲特的“孪生兄弟”。

- 他是世界级数学天才，美国电子行业早期领袖，苹果公司初始风险投资人之一。

- 在 1972—1984 年的 8 次独立的投标报价中，他令人震惊地买回了特利丹公司 90% 的流通股。在回购上，他总共花费了令人难以置信的 25 亿美元。

他是

亨利 · 辛格尔顿

HENRY SINGLETON

沃伦·巴菲特，1980 年	亨利·辛格尔顿有着美国商界最好的企业运营和资本配置纪录……如果有人拿出 100 名顶尖商学院毕业生的综合成就，其成绩不会比辛格尔顿更好。
约翰·梅纳德·凯恩斯（John Maynard Keynes）	我的想法随着事实变化而变化，你会怎么做呢？

1987 年初，素以特立独行著称的中型综合企业集团特利丹宣布分红，这个看起来平淡无奇的事件引发了商业媒体的格外关注，《华尔街日报》甚至用头版文章加以报道。它们发现了什么具有新闻价值的东西呢？

在 20 世纪的大部分时间里，人们期待上市公司将其年度利润的一部分作为分红支付给股东。许多投资者（尤其是老年人）把这些分红当作收入，他们在做出投资决策时会密切关注公司分红的水平和政策。然而，在 20 世纪 60 年代的综合企业集团中，只有特利丹一家公司坚定地拒绝分红，它认为分红就要缴税，即分红资金需要在公司层面和个人层面纳两次税，因此降低了资金利用效率。

事实上，在深居简出的创始人兼 CEO 辛格尔顿的领导下，正如我们所见，这次分红决定只是特利丹一系列决策之一，这些决策非同寻常并和市场逆向而为。除了拒绝分红之外，辛格尔顿去中心化的经营也为世人所诟病，他回避与华尔街分析师沟通，也不分拆股票，他对公司股份的回购力度前无古人，后无来者。

所有这些做法都不同凡响甚至鹤立鸡群，但真正让辛格尔顿一骑绝尘并最终成为传奇的，是让市场和同行们相形见绌的回报率。从 20 世纪 60 年代不断上扬的牛市发端，到 90 年代初惨烈的熊市收尾，在近 30 年变化无常的宏观经济环境中，辛格尔顿让特利丹的市值以惊人的速度增长。

辛格尔顿通过不断地适应市场变化和牢牢地坚守资本配置来实现上述增长。辛格尔顿的方法与同行明显不同，这种反传统的根源可以追溯到他此前的背景。对于一个位列《财富》500 强的公司的 CEO 来说，其背景非常传奇……

低买高卖，价格落差带来的收购良机

1916 年，辛格尔顿出生于得克萨斯州的小城哈斯莱特（Haslet），他从未获得过 MBA 学位，却曾是一位成就卓著的数学家和科学家。他曾经就读于麻省理工学院，在那里获得了电气工程专业学士、硕士和博士学位。辛格尔顿为麻省理工学院的第一台学生电脑编程并把这件事写进博士论文，他在 1939 年作为全美数学尖子生获得了普特南奖章（Putnam

Medal）。普特南奖章后来的获奖者包括诺贝尔物理学奖得主理查德·费曼（Richard Feynman）。辛格尔顿还是一名狂热的国际象棋手，其积分比特级大师还高出 100 分。

1950 年，辛格尔顿从麻省理工学院毕业后，先后在北美航空公司和休斯飞机公司（Hughes Aircraft）担任研究工程师。他后来被利顿工业公司的传奇少年特克斯·桑顿（Tex Thornton）招至麾下，并于 20 世纪 50 年代末在利顿工业公司开发了一种惯性制导系统，目前该系统仍在商用飞机和军用飞机上使用。辛格尔顿后来被提升为利顿工业公司电子系统集团的总经理，在他的领导下，到 20 世纪 50 年代末，该部门以超过 8 000 万美元的营收成为公司最大的部门。

辛格尔顿很清楚他不会接任桑顿的 CEO 职位，于是在 1960 年离开利顿工业公司，那一年他 43 岁。他的同事、利顿工业公司电子元件组的负责人乔治·科兹梅茨基（George Kozmetzky）和他一同离开，并于 1960 年 7 月共同创建了特利丹公司。他们首先收购了 3 家小型电子公司，并以此为基础成功地中标了海军的一项大订单。特利丹公司于 1961 年上市，当时正值美国综合企业集团时代的黎明。

综合企业集团就是公司集团，拥有众多互不关联的业务部门，它在当时受到市场追捧，犹如后来的网络股。综合企业集团利用股价飙升的机会，贪婪且近乎盲目地收购五花八门的公司来实现业绩增长。这些收购项目最初带来了高额利润，并导致股票价格继续上涨进而收购更多公司。大多数综合企业集团相信自己能够在不同的下属企业间找到并建立协同效应，它们建立了员工众多的庞大总部，并积极讨好华尔街和商业媒体，以提振公司股票价格。然而，它们的太平盛世在 20 世纪 60 年代末戛然而止，当时最大的综合企业集团（美国国际电话电报公司、利顿工业公司等）盈利不达预期，股价随之暴跌。

今天的主流观点认为，综合企业集团是一种低效的企业组织形式，缺乏“单一业务”公司的灵活和专注。但是在 20 世纪 60 年代的大部分时间里，人们却并不这样认为。当时的综合企业集团享有高市盈率的估值，人们把高涨的股价当作通货，以此进行持续疯狂的收购。在这段头脑发热的时期，围绕收购的竞争远远弱于今天（那时私募股权公司还未出现），相比在股市买入对方股票进而取得控股权，综合企业集团支付的收购价格（以市盈率来衡量）往往低廉很多，这就为收购提供了令人信服的逻辑。

辛格尔顿充分利用了这一绝佳的套利机会，发展了多元化的业务组合。1961—1969 年，他收购了 130 家公司，涉及航空电子、特种金属和保险等行业。除了两家公司外，其他所有公司都是特利丹在自身股价高企时完成收购的。

然而，辛格尔顿的收购方式不同于其他综合企业集团。辛格尔顿不会盲目收购，也极力避开那些陷入危机的公司，他将重点放在可盈利的、成长型的公司身上，这些公司往往在利基市场占据行业领先的地位。正如特利丹公司特种金属部门负责人杰克·汉密尔顿（Jack Hamilton）向我总结其所在部门的业务时所说：“我们专注于可以按千克销售的高利润产品，而不是那些按吨销售的产品。”[1] 辛格尔顿是谨慎而自律的买家，从不支付超过利润 12 倍的价格，他收购的大多数公司的市盈率都非常低。这与特利丹公司股票的高市盈率形成了对照。这一时期，特利丹的市盈率在 20 倍和 50 倍之间徘徊。

1967 年，辛格尔顿完成了截至当时最大的一笔收购，他以 4 300 万美元收购了瓦斯科金属公司（Vasco Metals），并把其总裁乔治·罗伯茨（George Roberts）提拔为特利丹公司总裁，他自己则出任 CEO 和董事长。罗伯茨曾是辛格尔顿在美国海军学院的室友，他 16 岁时被美国海军学院录取，成为该校历史上最年轻的新生。后来教育经费和补助因为大萧条而削减，罗伯茨和辛格尔顿随之转学。罗伯茨也有理科背景，他毕业于卡内基 - 梅隆大学，获得冶金学博士学位，之后在多家特种金属公司担任各种行政职位，最终于 20 世纪 60 年代初加入瓦斯科金属公司并担任总裁。

自从罗伯茨加入特利丹公司，辛格尔顿就开始从公司经营中抽出身来，腾出大部分时间专注于公司战略和资本配置的问题。

集中每一分钱，“去中心化”模式的核心支柱

此后不久，辛格尔顿在综合企业集团中第一个叫停了收购。1969 年中期，随着特利丹股票市盈率回落、收购目标价格上涨，辛格尔顿断然解散了收购团队。作为训练有素的买家，辛格尔顿意识到，随着市盈率的降低，特利丹公司股票的流通性在收购时不再有吸引力。从此以后，公司再也没有进行过重大收购，也再没有增发过股票。

从表 2-1 中可以看出这一收购策略的成效。作为上市公司，特利丹最初 10 年的每股收益（EPS）增长了惊人的 64 倍，而总股本增长不到 14 倍，这就为股东创造了丰厚的回报。

表 2-1　特利丹公司前 10 年财务业绩[①]

项目	1961 年（百万美元）	1971 年（百万美元）	同比增长（倍）
销售收入	4.508 0	1 101.90	243.40
净利润	0.058 1	32.30	553.90
每股收益	0.131 9	8.55	63.80
总股本	0.481 8	6.60	12.70
债务	5.220 0	151.00	27.90

注：每股收益和总股本根据股票拆分和分红进行调整。

资料来源：本表由长期关注特利丹公司的投资者汤姆·史密斯（Tom Smith）提供。

辛格尔顿出生的时候，市场对定量分析信心满满。20 世纪四五十年代是“天才少年”的时代，一群出类拔萃的年轻数学家和工程师使用先进的统计分析方法，改造了一连串的美国标志性机构，从第二次世界大战中的陆军航空队开始，到 20 世纪 50 年代的福特汽车公司，不一而足。这一改造运动于 1961 年达到顶峰，当时五角大楼任命天才少年罗伯特·麦克纳马拉（Robert McNamara）担任国防部部长。

这些机构的权力都集中在其总部，那里有一批精锐部队，他们年轻、聪明异常，精通定量分析。这些高管实施集权化控制，在运营操作中推行新的、基于数学运算的系统。他们的分析才能广泛应用于高度离散的、混乱的运作，使其井然有序，他们试图通过施加指令来提升效率，无论是突袭轰炸还是建造工厂。

① 原书数据由于四舍五入的原因无法对应，翻译时根据“1971 年”和“同比增长”两栏对“1961 年”的数据稍加修订。——译者注

许多综合企业集团都采用了这种以总部为中心的方式来管理下属公司，并构建了庞大的员工队伍，其间充斥着众多的副总裁和企划部门。有趣的是，曾与最早的“天才少年”桑顿并肩作战的辛格尔顿，却为自己的公司设计了不同的模式。

与桑顿和美国国际电话电报公司的哈罗德·吉宁（Harold Geneen）等同行不同，辛格尔顿和罗伯茨避开了风行一时的企业“整合”和“协同”的概念，转而强调极致的去中心化。他们把公司分拆为最小的单元，将管理责任不断下放。一家员工总数超过 4 万人的公司，其总部员工不足 50 人，也没有人力资源、投资者关系和业务发展部门。具有讽刺意味的是，这个时代最成功的综合企业集团，在其运营中，却完全不像一家综合企业集团。

去中心化给特利丹公司带来了一种客观的、没有内斗的文化。几位公司的前总裁曾提到，不用钩心斗角的公司文化令人耳目一新，管理者只操心业务数据是否更好，数据糟糕就直接走人。其中一位说：“没有人关心辛格尔顿在和谁共进午餐。”

1969 年，收购的引擎慢慢熄火，罗伯茨和辛格尔顿将注意力转向了公司现有的运营上。辛格尔顿的做法再一次颠覆了传统认知，他摒弃了当时华尔街的关键指标——账面盈余，转而以优化自由现金流为目标来运营公司。辛格尔顿和他的首席财务官杰里·杰尔姆（Jerry Jerome）设计了一个独特的指标，他们称之为“特利丹回报”：通过计算每个业务部门的人均现金流和净利润，强调现金的产出，并以此作为所有业务部门总经理奖金薪酬的基础。正如辛格尔顿曾经对《金融世界》杂志（*Financial World*）说的那样：“如果有人想模仿特利丹，他们就应该接受这样的事实，即我们的季度收益会上下波动。我们的财务目标是实现现金流的最大化，而不是账面盈余的最大化。”[2] 今天，在那些华尔街骄子和《财富》500 强公司的 CEO 口中，你不可能再听到这样的话。

辛格尔顿和罗伯茨迅速提高了利润率，并大幅减少了特利丹公司的运营资本，这一过程释放了大量的现金。结果显而易见：特利丹的运营业务保持着较高的资产回报率，在 20 世纪七八十年代，公司的平均资产回报率在 20% 以上。巴菲特的合伙人查理·芒格将这些非凡的业绩形容为“任何人都难以企及……简直好到了荒谬的地步”。[3]

·帕卡德·贝尔公司（Packard Bell）：罕见的失误·

有一家下属公司没有达到辛格尔顿严格的标准，即帕卡德·贝尔公司，其业务是制造电视机。我们很有兴趣去看看辛格尔顿和罗伯茨是如何处理这个少有的、表现不佳的业务部门的。他们意识到，与成本较低的日本对手相比，帕卡德·贝尔公司的竞争劣势难以扭转。当帕卡德·贝尔公司不再获得满意的回报时，他们立即关闭了它。帕卡德·贝尔公司成为第一家退出该行业的美国制造商。在接下来的 10 年中，所有其他的美国制造商纷纷关门。

这些极具创造性的做法带来了最终结果：从 1970 年开始，特利丹公司在各种市场环境中都保持了非常稳定的盈利能力；涌入的现金被送到总部，由辛格尔顿进行配置。不足为奇的是，他在配置资本时所做的决定极其不同寻常，而且非常有效。

大规模回购，投资自己才是最靠谱的买卖

1972 年初，由于现金余额不断增长，可收购对象价格畸高，辛格尔顿在曼哈顿市中心的电话亭给他的一个董事会成员打了电话，这个人是传奇的风险投资家阿瑟·罗克（Arthur Rock，他后来投了苹果公司和英特尔公司）。辛格尔顿开口便说：“罗克，我一直在想，我们的股票实在太便宜了。在这样的价位买入自己的股票，比做其他任何事情都能获得更好的回报。我想宣布一个股票的回购要约，你怎么看？”罗克沉思片刻，说：“我喜欢你的点子。”[4]

这几句话开启了资本配置史上一个最具开创性意义的时刻。自 1972 年开始的回购要约①持续了 12 年，辛格尔顿进行了一场史无前例的股票回购狂欢，对特利丹的股价产生了巨大的影响。他几乎单枪匹马就推翻了华尔街长期秉持的信条。

如果仅仅说辛格尔顿是股票回购的先驱，那就大大低估这个案例的意义。也许更准确的说法是，辛格尔顿是回购领域的贝比·鲁思——在企业金融学分支的早期历史中，辛格尔顿是如奥林匹亚众神一般高耸入云的人物。在 20 世纪 70 年代之前，股票回购并不常见且存在争议。传统观点认为，回购意味着企业内部缺乏投资机会，因此被华尔街视为公司疲软的表现。辛格尔顿无视这一教条，1972—1984 年，他在 8 次回购要约中购入了特利丹公司总股本 90% 的股票。正如查理·芒格所说：“从未有人如此

① 甲公司欲以每股 1 元（市价 0.5 元）的价格向市场回购 1 000 股，这就是回购要约。拥有甲公司股票的人，觉得回购价很划算，就会向甲公司发出承诺，愿意按照 1 元的价格出售手中股票。——译者注

凶猛地回购股票。”[5]

在辛格尔顿任期内的大部分时间里，税率都很高。辛格尔顿认为，与分红相比，回购以高效避税的方式把资金还给了股东。他还认为，用低价回购股票是一种自我催化，类似于上紧一个发条，在未来某个时刻，它会突然发力，实现全部价值。换句话说，这个过程中会产生出非凡的回报。这些回购提供了一个有用的资本配置基准。相对于其他投资机会，每当购买自家股票的回报看起来更有吸引力时，辛格尔顿就会出价回购。

回购在 20 世纪 90 年代开始流行，近年来，CEO 们经常使用回购来提振低迷的股价。然而，回购只有在价格合适的情况下才能增加股东价值。不出所料，辛格尔顿买得漂亮，历次回购为特利丹公司股东创造了令人难以置信的 42% 的年复合回报率。

这些回购要约几乎都被超额认售。辛格尔顿做过分析，知道这些回购理由充分。带着这种坚信，他总是将回购份额用尽。对特利丹公司来说，这些回购下了重注：宣布回购计划时，其规模仅是公司账面价值的 4%，后来实际回购的规模令人震惊地达到公司账面价值的 66%。辛格尔顿总共花费了 25 亿美元进行回购。表 2–2 对这一成就进行了展示。1971—1984 年，辛格尔顿在特利丹公司收入和净利润持续增长时，于市盈率处于低点时回购了大量股票，导致每股收益惊人地增长了 40 倍。

然而必须认识到，这种对回购的痴迷代表辛格尔顿观念上的演变。在职业生涯早期创建特利丹公司时，他曾是活跃而高效的股票发行者。伟大的投资者和资本配置者必须能高卖低买：特利丹公司股票发行的平均市盈率超过 25 倍；相比之下，辛格尔顿回购的平均市盈率倍数不到 8 倍。

表 2-2 特利丹公司股票回购计划的结果

项目	1971 年（百万美元）	1984 年（百万美元）	同比增长（倍）
销售收入	1 101.90	3 494.30	2.20
净利润	32.30	260.70	7.10
每股收益	8.55	353.34	40.30
总股本	6.60	0.90	-0.90
债务	151.00	1 072.70	6.10

注：每股收益和总股本根据股票分拆和分红进行调整。

资料来源：本表由长期关注特利丹公司的投资者汤姆·史密斯提供。

辛格尔顿从青少年时期就对股市着迷。罗伯茨曾经向我透露：第二次世界大战期间，在纽约休假的辛格尔顿在一家证券公司的橱窗前盯着代表股票价格的纸带从报价机上闪过，一站就是好几个小时。

20 世纪 70 年代中期，辛格尔顿终于有机会实现这一终生的梦想。他在熊市最严重的时候直接负责特利丹保险子公司的股票投资组合，当时市盈率处于大萧条以来熊市的最低点。在投资组合的管理方面，与收购、运营和回购一样，辛格尔顿独辟蹊径，成果显著。

在一次重要的逆势操作中，辛格尔顿大胆地重新配置了这些保险投资组合中的资产，使股票配置的占比从 1975 年的 10% 增加到 1981 年的 77%。辛格尔顿对投资组合的具体调整更不寻常，颇具戏剧性。股票组合中超过 70% 的资金仅仅投资于 5 家公司，其中，对他的前雇主利顿工业公司的投资就不可思议地占到全部资金的 25%。这种非同寻常的集中投资（通常一只共同基金拥有 100 多只股票）引起了华尔街一片哗然，许多观察人士认为辛格尔顿正在为新一轮收购做准备。

辛格尔顿其实并无此意，然而更近距离地观察他是如何管理这些投资组合的，对我们会有所启发。辛格尔顿重仓的无一例外都是他非常了解的公司，包括柯蒂斯·赖特（Curtiss Wright）这样较小的综合企业集团以及如德士古（Texaco）和美国安泰（Aetna）等大型能源和保险公司。这些公司的市盈率在辛格尔顿投资时处于或接近历史低点。正如查理·芒格在谈到辛格尔顿的投资方法时所说："就像巴菲特和我一样，他喜欢集中持股，并且只买入几家他非常了解的公司的股票。"[6]

与回购特利丹公司股票一样，辛格尔顿在这些保险投资组合中的回报也非常出色。这些回报的指标可以在图 2-1 中看到，图中显示，1975—1985 年，当辛格尔顿开始对他的公司分拆上市时，特利丹保险子公司的账面价值大约增长了 8 倍。

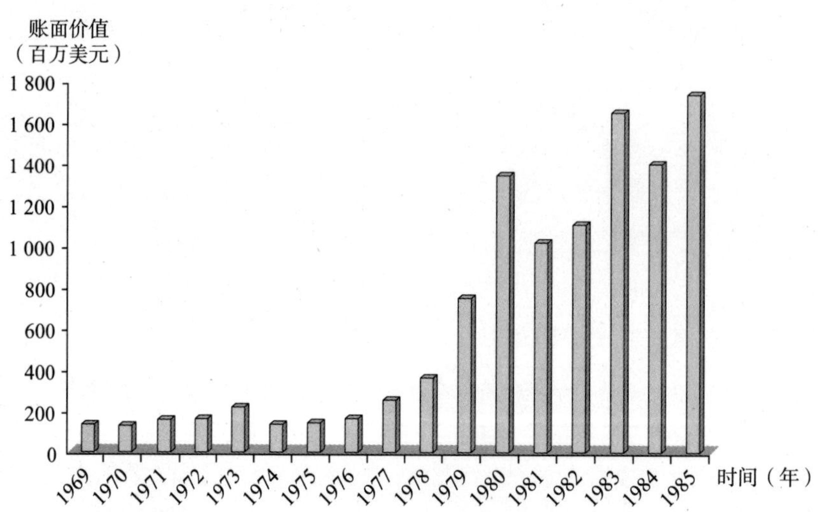

注：图中数据是特利丹保险子公司 Unitrin 和 Argonaut 股票账面价值的总和。

图 2-1　特利丹保险子公司账面价值

价值释放，通过分拆深挖公司潜能

1984—1996 年，在特利丹运营部门业绩停滞不前的情况下，辛格尔顿将工作重点从投资组合管理转向管理权移交（1986 年，他聘请罗伯茨接替他担任 CEO，自己保留了董事长头衔），以及优化股东价值。为了实现这些目标，辛格尔顿采取了新的策略，再次震惊了华尔街。

辛格尔顿是对公司进行分拆上市的先驱，他相信通过分拆可以降低公司的复杂性，进而简化特利丹公司继任者面对的问题，并为股东释放公司大型保险业务的全部价值。用长期担任董事会成员的法耶兹 · 萨罗菲姆（Fayez Sarofim）的话来说，辛格尔顿认为“联合有其时，分拆亦有其时”。[7] 1986 年，分拆特利丹公司的时间终于到来，首秀是 Argonaut 公司的上市，它主要负责公司员工的薪酬保险。

接下来，在 1990 年，辛格尔顿剥离了公司最大的保险子公司 Unitrin，当时它的 CEO 是杰尔姆。考虑到子公司 Unitrin 的价值占据了当时特利丹公司价值的很大部分，这个动作就显得意义重大。Unitrin 上市以后，在杰尔姆和他的继任者迪克 · 维（Dick Vie）的领导下，获得了优异的回报。

从 20 世纪 80 年代中后期开始，由于能源和特种金属市场的周期性低迷及其军工业务受到欺诈指控，特利丹公司的非保险业务增速放缓。1987 年，当收购价和股价（包括辛格尔顿所拥有的自己公司的股票）都处于历史高位时，辛格尔顿得出结论：他没有更好的、回报更高的选择来配置公司的现金流，并宣布公司上市 26 年来的首次分红。对那些长期关注特利丹公司的人来说，这是一则爆炸性的消息，标志着公司由此进入新的历史阶段。

在这些分拆上市取得成功以及罗伯茨担任 CEO 之后，辛格尔顿于 1991 年从董事长的职位上退休，专注于经营他那广袤的牧场。辛格尔顿和他同代出生于得克萨斯州的成功企业家一样，对牧场情有独钟，他后来在新墨西哥州、亚利桑那州和加利福尼亚州共买下 100 多万英亩①的牧场。然而 1996 年辛格尔顿复出了，亲自就特利丹公司留存的制造业务与阿勒格尼工业公司（Allegheny Industries）的合并进行了谈判，并阻止了“野蛮人”贝内特·勒博（Bennett LeBow）的恶意收购。据当时特利丹公司的总裁比尔·鲁特里奇（Bill Rutledge）说，在这次谈判中，辛格尔顿只专注于获得尽可能的高价，而忽略如管理头衔和董事会组成等其他边缘问题。[8] 辛格尔顿再一次为特利丹公司的股东赢得有利结果：比公司之前的交易价格高出 30%。

辛格尔顿保持着一个非凡的投资纪录，使他的同行和市场相形见绌。从 1963 年（这是我们掌握其可靠股票数据的最早时间）到 1990 年辛格尔顿辞去董事长一职，他为股东带来了 20.4% 卓越的年复合回报率（包括多次分拆上市）。相比之下，同期标准普尔 500 指数的回报率为 8.0%，其他大型综合企业集团股票的回报率为 11.6%（见图 2-2）。

1963 年投资于辛格尔顿的 1 美元，到 1990 年价值达到 180.94 美元，比同行高出近 9 倍，超过标准普尔 500 指数 12 倍，而杰克·韦尔奇在辛格尔顿高速列车后视镜里成了一个遥远的小点儿。

① 1 英亩 ≈4 047 平方米。——编者注

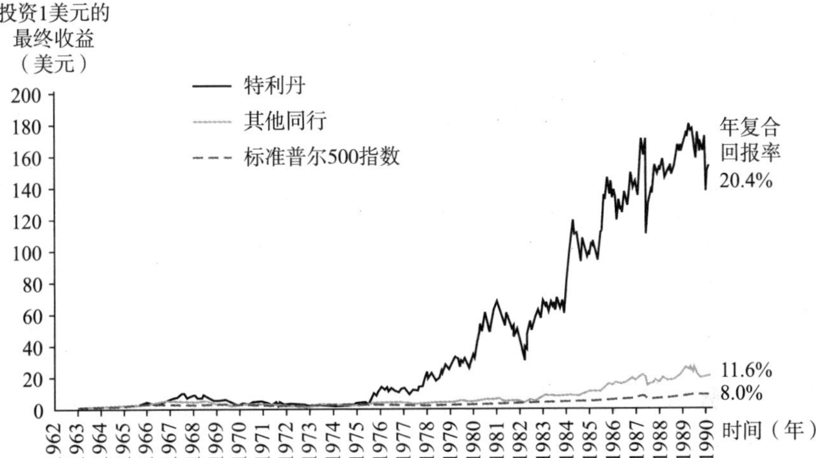

注：纵坐标根据股票分拆、转增和现金分红进行了调整；其他同行包括利顿工业公司、美国国际电话电报公司、海湾西部公司（Gulf & Western）和德事隆集团（Textron）。

图 2-2 辛格尔顿时代，特利丹股票与标准普尔 500 指数、其他同行的比较

The 亨利·辛格尔顿的方法 Outsiders

任何一位 CEO 最重要的决定之一就是如何分配时间，具体来说，是他在下面三个非常重要的领域分配多少时间：运营管理、资本配置和投资者关系。毫不奇怪的是，辛格尔顿的时间管理方法与桑顿和吉宁等同行截然不同，却与其他局外人 CEO 异常相似。

去计划，做思想上的特立独行者

正如 1978 年辛格尔顿在接受美国《金融世界》杂志采访时所说："我不让自己卷入每日例行的事务，所以就不会陷入任何特定的窠臼，我也不用任何精确的术语来定义自己的工作，而是可以在任何时候自由地做任何看起来符合公司最大利益的事情。"[9] 辛格尔顿拒绝事无巨细的计划，他更愿意保持灵活性和开放性的备选方案。正如他曾经在特利丹公司年会上解释的那样："我知道很多人都有非常坚定和明确的计划，他们觉得自己已经考虑了各种各样的可能性，但是我们要承受大量外部因素的干扰，其中绝大多数都无法预测。因此，我的想法是随机而动。"[10] 在为数不多的面对《商业周刊》记者的一次采访中，他解释得更加简明扼要："我唯一的计划就是继续上班……我喜欢每天掌舵去调整航向，而不是提前去规划未来。"[11]

与其他综合企业集团的高管不同，比如桑顿、吉宁或海湾西部公司个性鲜明的查尔斯 · 布卢多恩（Charles Bluhdorn），辛格尔顿不会去讨好华尔街的分析师和商业媒体。事实上，辛格尔顿认为维护投资者关系是对时间的低效利用，所以他干脆拒绝提供季报，也不出席行业会议。当时，那些随和的同行高管经常在顶级商业杂志的封面亮相，辛格尔顿的举动显然不合潮流。

·特利丹公司与《萨班斯 - 奥克斯利法案》·

特利丹公司打破传统的做法是企业管理领域持续至今的热门话题。按照《萨班斯 - 奥克斯利法案》(*Sarhanes-Oxley*) 的现行标准，特利丹的董事会是不及格的。辛格尔顿和本书中其他局外人 CEO 一样，是小型董事会的支持者。特利丹的董事会只有 6 名董事，其中包括辛格尔顿，一半是内部人士。然而，这是一个才华横溢的团体，每个成员的身家都和公司的经济利益绑在一起。除了辛格尔顿、罗伯茨和科兹梅茨基（他 1966 年从特利丹公司退休后，负责管理得克萨斯大学商学院）之外，董事会成员还包括辛格尔顿的麻省理工学院同学、信息理论之父克劳德 · 香农（Claude Shannon）；传奇的风险投资家阿瑟 · 罗克；以及休斯敦基金的管理人、亿万富翁法耶兹 · 萨罗菲姆。截至这一时期末，董事会成员共持有公司近 40% 的股份。

即使在一本充斥着 CEO 如何积极回购股票的书中，辛格尔顿的方法也能自成体系。考虑到他对特利丹公司股票的胃口之大，以及与其他局外人 CEO 相比，其回购率之高，我们很有必要深入观察辛格尔顿的回购方法。他的方法与当今大多数 CEO 的做法有很大不同。

辛格尔顿式回购

从根本上讲，回购股票有两种基本方法。当代最常见的方法是，公司批准一定数量的资金（通常是其资产负债表上相对较小比例的多余现金）用于回购股票，然后在一个季度（有时是几年）内逐步在公开市场上购买股票。这种方法谨慎保守，当然也不太可能对股票的长期价值产生任何有意义的影响。让我们把这种谨慎、有条不紊的方法称为“小酌”。

另一种方法则大胆得多，它也是本书中的 CEO 们喜欢的由辛格尔顿开创的方法。这种回购方法的特点是：频率较低且在股价低迷时大规模回购，通常在非常短的时间内完成，往往使用要约的方式，有时还通过债务融资的方式来收购。辛格尔顿至少 8 次采用这种方法，他鄙视“小酌”，而更喜欢“牛饮”。

1980 年，辛格尔顿的股票回购就是他敏锐把握资本配置机会的绝佳范例。同年 5 月，由于特利丹公司的市盈率接近历史低点，辛格尔顿发起了该公司截至当时最大规模的收购要约，结果要约被超额认售了 3 倍。辛格尔顿随即决定购买所有被认售的股票（超过流通股总额的 20%）。考虑到公司自由现金流充沛并且当时利率下行，辛格尔顿用固定利率的债券融资为整个回购提供资金。

回购之后，利率大幅上升，新发行债券价格下跌。辛格尔顿认为利率不可能继续上升，所以他开始回购这些债券。不过，他是用公司养老基金的现金赎回的这些债券，以避免缴纳投资收益税。

在这一系列复杂的交易之后，特利丹公司成功地用廉价的融资为大规模的股票回购提供了资金。之后，随着利率下行，养老基金在债券的投资上又实现了可观的免税收益。哦，对了……特利丹公司股票也实现了大幅升值，10 年复合回报率超过 40%。

如果每家公司都这么做，那么肯定会出问题

终其一生，辛格尔顿思想上强烈的独立意识成为他的显著特征。辛格尔顿 82 岁时死于脑癌。在其去世前两年的 1997 年，辛格尔顿与特利丹公司的长期投资人莱昂·库珀曼（Leon Cooperman）进行了一次座谈。库珀曼问辛格尔顿怎么看待当时很多《财富》500 强企业都宣布大规模回购股票的事。辛格尔顿很有预见性地回答："如果每家公司都这么做，那么肯定会出问题。"[12]

巴菲特和辛格尔顿：失散的孪生兄弟？

巴菲特管理伯克希尔 – 哈撒韦公司有一套独特方法。对于巴菲特的那些真知灼见，辛格尔顿早在对特利丹公司的管理中就已采用了。事实上，辛格尔顿可以被看作是巴菲特的原型。这两位杰出的 CEO 之间有着不可思议的相似之处，如下所示：

- 作为投资者的 CEO。巴菲特和辛格尔顿设计的公司架构，使他们能够专注于资本配置，而不是企业运营。他们认为自己主要是投资者，而不是管理者。
- 经营要去中心化，投资决定要集中化。用员工极少的总部管理着高度去中心化的公司组织，运营层和管理层间几乎没有（如果有的话就尽量减少）中间阶层。他们二人决定各自公司所有的重大资本配置决策。

- 投资理念。巴菲特和辛格尔顿都将投资重点放在他们熟悉的行业，并喜欢在投资组合中集中持有上市公司证券。
- 处理投资者关系的方法。他们都没有向分析师提供季报，也不出席各种会议，但是他们都提供了包含详尽业务部门信息的年报。
- 分红。在综合企业集团中，特利丹公司只在第 26 年支付过一次股息，而伯克希尔－哈撒韦公司从未分红。①
- 股票分拆。特利丹公司是 20 世纪七八十年代纽交所发行股票中价格最高的，巴菲特从未分拆过伯克希尔－哈撒韦公司的 A 股（2011 年股价超过 12 万美元）。
- CEO 持股非常重要。辛格尔顿和巴菲特在各自的公司都拥有大量的股权（辛格尔顿持股 13%，巴菲特持股 30% 以上）。他们像主人一样思考，因为他们自己就是主人。
- 保险子公司。辛格尔顿和巴菲特都认识到投资保险公司的“浮存金”在创造股东价值方面的潜力。对这两家公司来说，保险是最大的，也是最重要的业务。
- 关于餐厅的类比。著名的投资者菲利普·费雪（Phil Fisher）曾通过一系列政策和决策将公司与餐厅进行类比。每家餐厅的风味、价格和氛围都不同，也自然会吸引到不同的客户前来就餐。按照这个标准，巴菲特和辛格尔顿都有意经营着不同寻常的餐厅，随着时间的推移，这些餐厅吸引了志同道合、目光长远的客户（股东）。

① 伯克希尔－哈撒韦公司在 1967 年进行过一次分红，每股 10 美分。——译者注

The

Eight
Unconventional CEOs
and Their Radically Rational
Blueprint for Success

特质 3

绑定股东利益
比尔·安德斯和通用动力公司

Outsiders

- 他是全球唯一漫步月球表面的CEO，美国核能管理委员会第一任主席。
- 3 年时间，他就从负债 6 亿美元变为手握 50 亿美元现金。
- 入职第一年，他替换了公司全部 25 名高管中的 21 名，在头两年裁掉了 60% 的员工（工厂裁员人数占比则达到了 80%），卖掉了集团旗下一半的公司和业务部门。

他是

比尔·安德斯

BILL ANDERS

爱默生	目光短浅的哥布林[①]只会愚蠢地一以贯之。

30 年来，柏林墙一直作为冷战时期紧张与焦虑的国际象征，它终于在 1989 年倒塌了。紧随其后，美国军工行业长期以来的商业模式也因此崩塌。军工行业传统上依赖于诸如导弹、轰炸机等大型武器系统的销售，它是第二次世界大战后美国军事战略的核心。似乎一夜之间，美国军工行业就陷入了混乱。那些行业的领军高管曾一直被卸任的将军和海军将领视为亲密兄弟，而当时的这些公司高管却要争相寻找新的伙伴。柏林墙倒塌不到 6 个月，上市的头部军工企业景气指数就下跌了 40%，其中一家公司的处境似乎尤其糟糕。

这家公司就是通用动力（General Dynamics），它曾是军工行业的先锋。其前身可以追溯到 19 世纪末，有着向五角大楼出售大型武器的漫长历史，包括在第二次世界大战期间出售传奇的 B-29 轰炸机和现代空军的 F-16 主力战机；作为潜艇的主要制造商，出售船舶；以及作为坦克和其

① 哥布林是西方神话中的一种小精灵。——译者注

他作战车辆的主要供应商，出售陆地车辆。多年来，通用动力已经在导弹、航天系统、民用飞机和建筑材料等非国防业务领域实现了多元化发展。20 世纪 80 年代，美国联邦调查员发现该公司高管滥用公司飞机和其他额外收入，通用动力的发展因此丑闻而备受打击。

1986 年，通用动力公司引进了在五角大楼享有盛誉的新任 CEO 斯坦・佩斯（Stan Pace）。佩斯改善了通用动力公司与美国参谋长联席会议的关系，但公司业务仍然停滞不前。屋漏偏逢连夜雨，1990 年，该公司获悉其最大的新飞机项目 A-12 可能被取消。1991 年 1 月，当另一位新 CEO 上任时，通用动力公司负债达 6 亿美元，现金流入不敷出，并被外界猜测可能面临破产。通用动力公司年收入曾达到过 100 亿美元，而当时的市值仅为 10 亿美元。用高盛集团军工防务分析师朱迪・博林杰（Judy Bollinger）的话来说，该公司“差到不能再差”，是衰退的行业中处境最糟的公司。[1]

换句话说，这是一次转型。陷入财务困境的公司通常会聘请重组“顾问”。这些顾问从天而降，大幅削减成本，与贷款机构和供应商谈判，并希望尽快出售公司，好赶去处理下一单业务。这些被雇来的“干将”往往忽视了对公司文化、资本配置和组织架构的长期考虑，只是把重点放在短期的现金需求上。重组结局通常是将困境中的业务出售给一家大公司，如此的转型往往能带来诱人的眼前利益。这一过程就好像捡起地上的烟头，猛嘬最后几口。

一家进入转型的企业，历经多任 CEO，在长时期内仍能维持高回报的情况非常罕见，但这恰恰发生在通用动力公司身上。通用动力公司的故事表明，即使在整个行业严重混乱的局面下，那些局外人 CEO 所采用方法的核心要素依然有效。

资产剥离，卖掉低效业务的三个标准

这一切都始于 1991 年 1 月比尔 · 安德斯执掌通用动力公司，当时正值 20 世纪 90 年代初，军工市场在海湾战争后陷入极度低迷的熊市。安德斯可绝对不是普通的 CEO。在加入通用动力之前，以主流观点来看，安德斯有着杰出的职业生涯：1955 年，他从海军学院毕业，获得电气工程学学位，并在冷战期间担任空军战斗机飞行员；1963 年，安德斯获得了核工程领域的研究生学位，并从数千人中脱颖而出，入选仅有 14 名成员的美国国家航空航天局精英宇航员团队。

作为 1968 年阿波罗 8 号任务中的登月舱驾驶员，安德斯拍摄了那张当代经典照片《地球升起》（*Earthrise*），照片最终刊登在《时代》、《生活》和《美国摄影》等杂志封面上。一位著名的防务分析师认为，这些早年的成就赋予安德斯在今后的风浪中承担风险的能力："绕月飞行之后，寻常的业务问题就不再会成为他的困扰。"

安德斯以少将的军衔离开了美国国家航空航天局，然后短暂出任美国驻挪威大使，之后被任命为核能管理委员会（Nuclear Regulatory Commission）第一任主席。以上这些都发生在安德斯 45 岁之前。安德斯在五角大楼享有盛名且受人尊重，离开政府部门后，他加入了通用电气，在那里他接受了通用电气管理方法的培训，是与杰克 · 韦尔奇同时代的人。正如安德斯所说："那里有一大群了不起的经理人，他们都是优秀的游泳教练……尽管偶尔他们也想淹死你。"[2]

1984 年，安德斯终于被聘为领先的综合企业集团德事隆集团的商业运营负责人，然而这段经历却令他感到沮丧。安德斯个性独立，不随声附和，有直截了当的沟通风格。安德斯不能接受碌碌无为的业务部门和官僚主义作风的结合，所以毫不意外，他与德事隆集团的时任 CEO 发生了冲突。

1989 年，在一次行业协会会议上，安德斯遇到了通用动力公司的一位高管，对方承诺如果安德斯加入通用动力公司担任一年副董事长，就有机会接任 CEO。安德斯欣然受命。在一年过渡期里，安德斯花时间了解公司的业务和文化，并在贝恩公司的协助下，研究了席卷整个国防工业的巨大变局，结论是军费高昂开支的时代似乎戛然而止。这一年的学习使安德斯在正式被任命为 CEO 后旗开得胜。

虽然安德斯是本书中年龄最长的 CEO，也是唯一一位 50 多岁时才掌舵公司的 CEO，且在接受通用动力公司这一职位时，只有 10 年的私营公司工作经验，但他的视角仍然新颖独到。

由工程师和退役的军官管理的军工行业，历来有点俱乐部或联谊会的感觉。安德斯既是一名工程师，又曾是一名将军，天时地利人和，他就是用扫帚清除行业蛛网的那个人，他的看法以及随后的行动将动摇军工界的核心层，把他们赶出舒适区。

安德斯为通运动力公司制定的转型战略根植于一个核心的战略洞见：随着冷战的结束，军工行业的产能严重过剩。因此，安德斯认为，行业参与者需要积极行动，要么收缩业务，要么通过收购来实现增长。在这种新的环境中，行业整合者和被整合的对象比比皆是，公司需要迅速判断自己属于哪个阵营。安德斯在其最初的年度和季度报告中勾勒了他的战略，并开始积极实施。

这一战略基于三个关键原则：

- 安德斯从通用电气的前同事杰克·韦尔奇那里学来一招，即只有在确保能处于市场第一或第二的位置时，通用动力才会进入该业务领域。这与同时代的鲍威尔主义惊人地相似，后者要求美国只参与能够取得决定性胜利的军事冲突。
- 该公司将退出那些回报低到无法接受的商品业务。
- 坚守自己所熟悉的业务领域。具体而言，军转民领域似乎是军工企业新的利润点，但对于这尊“长久以来令军工人垂涎的圣杯”要保持警惕。

通用动力公司将退出不符合以上战略原则的业务领域。

此外，安德斯认为，通用动力公司需要一场剧烈的企业文化变革。在担任通用动力公司 CEO 之前，通过与公司高管的深入访谈，安德斯发现了一种根深蒂固的工程师思维定式，这种思维定式始终围绕“更大、更快、更致命”的武器研发，却很少关心股东利益，这与通用电气形成了鲜明的对比。安德斯积极地纠正了这一点，不断强调对股东利益和净资产收益率等指标的重视。

安德斯还认为，经营活动需要大幅精简，以提高回报。为了达成这一目标，安德斯需要一个新团队，于是他立刻着手组建。第一步是把吉姆·梅勒（Jim Mellor）提升为总裁兼 COO。梅勒负责通用动力公司的造船业务时，曾取得优异的业绩。安德斯对我说："梅勒是这种人，他会追踪最后一分钱的去向，并追究相关责任人。"1991 年上半年，安德斯和梅勒二人联手，换掉了公司 25 名高管中的 21 名。

除了新的运营人才外，安德斯还聘请了金融奇才哈维·卡普尼克（Harvey Kapnick）担任副董事长，与转型相关的各种法律和战略工作则由一位才华横溢的律师尼克·查布拉贾（Nick Chabraja）来协助完成。在团队各就各位后，安德斯就马不停蹄地实施了一项非同寻常的重组。

现金的生成与配置

安德斯任职通用动力公司短暂的 3 年可以分为两个基本阶段：现金的生成和配置。每一个阶段，公司的做法都非常独特。

我们从现金的生成开始讲起。当安德斯和梅勒开始实施他们的计划时，通用动力公司的情况是，过度使用融资工具且现金流入不敷出。然而在接下来的 3 年里，公司获得了 50 亿美元的现金流。这一惊人的资金流主要来自两个方面：一是大幅缩减业务；二是出售安德斯战略框架下那些无关紧要的业务。

在经营方面，安德斯和梅勒发现了公司的遗留问题，即在存货、资本设备和研发方面大量过度投资。他们一起迅速采取行动，将过分的做法排除在框架之外。在参观一家 F-16 工厂时，四处巡视后，他们发现有大量昂贵的 F-16 座舱盖（驾驶舱的透明玻璃罩）闲置，但是这家工厂每周只能生产一架飞机。于是梅勒制定了新的规定：工厂最多保留两块座舱盖。在邻近的两家坦克工厂，他们发现了重复购置的两套价格不菲的机械设备都未得到充分利用，于是梅勒合并了这两家工厂。巡查中更常见的情况是，他们发现工厂经理手中的存货太多，但是经理们在要求追加资金时，却从不考虑投资的回报。

在梅勒的管理下，情况很快发生扭转，他和安德斯果断行动，创造了坚决强调回报的企业文化。具体来说，正如长期担任通用动力公司高管的雷·刘易斯（Ray Lewis）所言："资本的现金回报率成为整个公司的重要指标，也时刻萦绕在我们的脑海中。"[3] 这种扭转对整个行业来说是第一次，因为军工行业过去只会短视地关注收入增长和新产品开发。

重要的是，这一新的原则影响了该公司对政府合同的投标方式。在安德斯到来之前，通用动力公司和其他同行一样，使尽浑身解数去参与各种各样的政府招标。相比之下，安德斯和梅勒则坚持，只有在回报丰厚且中标概率很高的情况下才会投标。因此，投标次数急剧下降，投标成功率反而上升。正如资深的行业分析师彼得·阿塞里蒂斯（Peter Aseritis）所说："安德斯和梅勒带来了新的关注点，即股东利益……这在军工行业还是第一次。"[4]

在他们执掌公司的头两年，安德斯和梅勒将总人数减少了近 60%（行政人员减少了 80%），他们将公司总部从圣路易斯迁至弗吉尼亚州北部，并建立了正式的投资审批程序，同时大幅削减营运资金的投入。正如梅勒所言："头几年，我们不需要花任何钱，我们只需清空前几年积累的库存和资本支出就可以了。"[5]

这些举措为通用动力公司带来了海啸般的巨额现金，高达 25 亿美元，公司在资产回报率方面迅速成为同行中毋庸置疑的领头羊，这一地位一直保持到今天。

从资产出售到资本配置

资产出售把我们带到了另一个远超想象的公司现金源头。当梅勒从运营中攫取冗余现金时，安德斯开始剥离非核心业务，并通过收购来扩大他的主营业务阵营。有趣的是，当安德斯与业内同行会面时，他发现，整体上同行们购买资产的兴趣大于出售资产的兴趣。安德斯还发现，同行往往愿意为购买资产支付溢价。最终的结果是，通过一系列高溢价的资产剥离，通用动力公司的规模大幅缩水。

大规模的资产剥离对通用动力公司和整个行业来说都是第一次。在就任 CEO 的前两年，安德斯出售了通用动力公司的大部分业务，包括其 IT 部门、民用飞机业务以及导弹和电子业务。

其中最大的一笔资产剥离值得我们深入研究，这就是安德斯出售了占公司主导地位的军用飞机业务，这让安德斯的战略框架遭受了意外的挑战。这笔交易实际上始于安德斯试图收购洛克希德公司（Lockheed）的小型战斗机部门，但是洛克希德公司的 CEO 拒绝出售其业务，并针对通用动力公司 F-16 的战机业务提出了价格夸张的反要约收购。

我们有必要在这里暂停一下，先来探讨一个宽泛的话题。本书中大多数局外人 CEO 都拒绝制订过于细节的战略计划，而更倾向于保持灵活性和见机行事。相比之下，安德斯有着非常明确和具体的战略愿景，不仅要求出售竞争力较弱的业务部门，而且要求强化主营业务部门。在出售业务部门的工作取得初步进展后，安德斯将注意力转向了军用飞机部门的并购，这是公司的主营业务，也是合乎逻辑的并购起点。作为退役的战斗机飞行员和航空爱好者，安德斯去拓展这个庞大的业务部门，除出于经济方面的考虑之外，还有对这个行业的热爱。因此，当洛克希德公司的 CEO 报出 15 亿美元的收购价时，安德斯倍感震惊。对通用动力公司的 F-16 业务来说，这是个令人目眩神迷的高价。这一刻，安德斯面临着关键的抉择。

安德斯最后的所作所为很能说明问题，他毫不犹豫地当场同意出售军用飞机业务，尽管带有一丝遗憾。安德斯做出了理性的商业决策，而这种决策与每股价值的增长相一致，尽管这使得公司的规模缩减到原来的一半以下，并剥夺了安德斯作为 CEO 最喜欢的特权：有机会驾驶公司尖端的喷气式战斗机。但就是这个决定勾勒出本书中局外人 CEO 们一个重要的共同点：作为一个群体，他们的内心理性且务实，他们不揣测未来，同时目光敏锐，他们不会恪守教条。即使价格合适，安德斯也不会出卖自己的母亲，但他会毫不犹豫地卖掉自己最喜欢的业务部门。

在业界，这种出售行为是前所未有的，因此安德斯备受争议，尤其是在五角大楼内部。然而，安德斯以其杰出的军事生涯在华盛顿赢得了无出其右的声誉，凭借着这个声誉，激进的行动方针在他手中得以实施。又是那位资深防务分析师阿塞里蒂斯，他对我说："安德斯有点像尼克松，后者长期歌颂资本主义，却开启了与中国的关系。所以说，除了安德斯，很少有人有如此魄力。"[6] 结果是，剥离这些资产使通用动力公司获得了额外的 25 亿美元现金收入，同时它还保留了两项占据市场主导地位的业务：坦克和潜艇。

资本返还，回报股东的三次特殊分红

随着资产出售和运营改善带来的大量现金，安德斯将注意力转移到了资本配置上。由于价格高企，安德斯选择不进行更多的收购，相反，他决定将公司的大部分现金返还给股东。为了以最有效的方式做到这一点，安德斯去向卡普尼克寻求建议。

卡普尼克是会计业巨头安达信会计师事务所（Arthur Andersen）的前董事长，作为一名律师，他久经考验且深谙税务法规。由于在 Chicago Pacific 这家综合企业集团的巨大成功转型中工作出色，卡普尼克声名鹊起。对于通用动力公司积累的大量现金，卡普尼克提出了两个创造性的建议，用非常高效的合法避税方式将大部分现金返还给了股东。

第一步，卡普尼克向股东派发了三次特别分红，总额刚好低于公司总市值的 50%。由于通用动力公司很大一部分业务已经被安德斯剥离，这些分红可以被视为剥离业务产生的“资本回报”，既不需要缴纳资本利得税，也不需要缴纳普通所得税；第二步，安德斯和卡普尼克宣布了一项高达 10 亿美元的要约，以回购公司 30% 的股份。正如我们看到的，股票回购是非常高效的避税手段，而传统的分红在公司和个人两个层面都要缴税。

再怎么夸大这些举措的不同寻常也不为过：在不到 3 年的时间里，安德斯大幅精简了运营业务，卖掉了半数以上的子公司，整个过程创造了 50 亿美元的现金。安德斯并没有将现金重新配置到研发或新的收购中，而是使用创新的避税技巧将大部分资金返还给了股东。这些举措在军工行业中都是史无前例的，并为股东创造了巨大的价值。

一家上市公司系统性地缩减自己的规模是极其罕见的，安德斯对我总结道：“大多数 CEO 都会根据公司规模和增长给自己打分……很少有人真正关注股东回报。”同样极其罕见的是（本书中其他局外人 CEO 除外），一家公司系统性地以特别分红或股份回购的形式将公司收益返还给股东。两个“罕见”的结合更是闻所未闻，尤其是在传统的军工行业。

华尔街为这一系列戏剧性的、陡然而起的举动所震惊，通用动力公司股价也随之一路飙升。这也引起了巴菲特的关注。巴菲特发现，在安德斯的领导下，通用动力公司正在剥离资产，并专注于创造性的、利于股东的资本配置策略。巴菲特随即在 1992 年以平均每股 72 美元的价格买下了通用动力公司 16% 的股权。值得一提的是，尽管二人只有一面之缘，但巴菲特还是把伯克希尔 - 哈撒韦公司在通用动力公司的投票权委托给了安德斯代为行使，从而帮助安德斯实施其战略规划。

提升公司股价，保证“翻四倍”的三大措施

根据原定计划，安德斯的任期于 1993 年 7 月结束，离开时他把大权交给了梅勒。巴菲特在安德斯离开时出售了股票并获得了丰厚回报，然而今天，巴菲特对卖出通运动力公司的股票感到遗憾。在退隐美国西北部一个幽静的岛屿前，安德斯还担任了一年通用动力公司的董事长。安德斯笃信海军的接班模式，为了不影响继任者的权威，退休的船长会避免返回他们的舰艇。安德斯自豪地告诉我，自 1997 年起，他只跟梅勒的继任者查布拉贾有过一次对话。

在 1981 年加入通用动力公司之前，梅勒也曾在休斯飞机公司和利顿

工业公司担任过工程师，并最终成为造船部门的主管。梅勒所在的部门帮助公司巩固了市场主导地位，他个人因为和安德斯志趣相投引起了安德斯的注意，并成为安德斯的副手和未来的接班人。

梅勒在安德斯离任后接任通用动力公司 CEO，梅勒继续专注于优化运营，并出售了包括空间系统在内的最后几个小型非核心业务部门。然而，1995 年他变守为攻，以 4 亿美元收购了美国最大的海军舰艇建造商之一巴斯钢铁公司（Bath Iron Works）。这次收购具有巨大的象征意义，它向员工和五角大楼表明，通用动力公司当时已经为再次成长做好了准备。正如梅勒所说："收购巴斯钢铁公司终结了公司将被完全清算的传闻。"[7]1997 年，梅勒到了退休年龄，并将接力棒传给查布拉贾。

查布拉贾毕业于美国西北大学法学院，在芝加哥顶级律师事务所简博律师事务所（Jenner & Block）从事公司法方面的事务近 20 年。20 世纪 80 年代通用动力公司陷入麻烦时，查布拉贾为其提供法律服务。当安德斯到来时，查布拉贾已经成为公司的核心顾问。安德斯很快看到了查布拉贾的潜力，称其为"我见过的最有效率、最具商业头脑的律师"。1993 年，查布拉贾以总顾问和高级副总裁的身份加入通用动力公司，不言自明，他将成为梅勒的继任者。

成为 CEO 后，查布拉贾为自己设定了雄心勃勃的目标。具体而言，查布拉贾希望在任职 CEO 的第一个 10 年让公司股价翻两番（复合收益率达到 15%）。在回顾了标准普尔 500 指数的记录之后，查布拉贾发现这是一个难以企及的目标。记录显示：此前 10 年，位列《财富》500 强的所有公司中只有不到 5% 达到了这一基准。查布拉贾冷静地展望着公司未来 10 年的前景并得出结论，他可以通过市场的增长和提高营业利润率来实现大约 2/3 的目标，其余的部分需要借助收购。这明显背离了安德斯的战略框架。

查布拉贾的收购方式很独特，对通用动力公司来说，一种新的资本配置重心应运而生，即围绕已有产业链，主要聚焦于小公司的收购。正如查布拉贾所说："我们的战略是积极追求与公司核心业务直接相关的目标，并将我们的产品线扩展到相邻领域。"[8] 上任第一年，查布拉贾收购了 12 家小公司。

雷·刘易斯将查布拉贾的收购方式描述为"即使在我们非常了解的市场中，每次也只前进一小步"。[9] 逐次叠加的收购带来了公司的快速增长，最终引导通用动力公司进入了快速增长的军事信息技术市场。到 2008 年，军事信息技术领域成长为通用动力公司最大的业务单元。此外，通过查布拉贾一系列的收购，通用动力公司坦克部门得以成功研制出史崔克装甲车（Stryker Attack Vehicle）；同时，作为水下潜艇制造历来的领导者，收购也让通用动力公司业务从水下上升到水面，船舶集团开始建造更多的水上舰艇。

不过，查布拉贾时期最辉煌的成就当属 1999 年大手笔收购全球最大的商用飞机制造商湾流公司（Gulfstream）。这笔交易押上了公司的命运，总共价值 50 亿美元，相当于通用动力公司 56% 的市值。

因为价格看似高昂，而且明显偏离了安德斯"只关注军工行业"的战略，当时这宗交易遭到了广泛批评，然而它并不像看上去那么冒进。湾流公司是民用航空领域无可置疑的领导者，这个市场具有巨大的长期增长潜力。湾流公司已经在私募股权投资公司福斯特曼－利特尔公司

（Forstmann，Little）手中运营了 5 年，但其对新产品开发的投资却相对滞后。

多年来，通用动力公司拥有民用飞机公司塞斯纳（Cessna），并为空军制造军用飞机，它在民用和军用飞机公司运营的管理方面积累了丰富的经验。查布拉贾认为，他将能够利用这一隐性的专业技能大幅提高湾流公司的业绩。查布拉贾还认为，民用航空将为通用动力公司提供宝贵的多元化收入来源，以抵御国防开支的波动。其后的公司收益证明了查布拉贾的逻辑是正确的。在过去的很多年里，随着国防开支减少，湾流公司不断增长的业务为通用动力公司提供了根本性的支持，让它免受国防开支变幻莫测的周期影响。

至关重要的是，我们必须承认这样一个基本观点：周围环境始终在变化，你能否打好手中的牌，最终成为作为管理者的你能否成功的关键。尽管查布拉贾和安德斯共享着理性的、以股东利益为导向的思维定式，但是他们的具体行动却因情势不同而异。不同的举措，比如查布拉贾任期内的资产收购、安德斯时期的资产剥离，在他们任期内的不同时期都自有其道理，尽管他们都对股票回购充满同样的热情。

到 2008 年中期，查布拉贾离开 CEO 的岗位时，他创造的收益已经远远超越了自己当初那个雄心勃勃的目标。这就向我们提出了一个基本问题：由“三驾马车”管理的通用动力公司，整体回报到底如何呢？他们是如何齐心协力打败同行，并超过杰克·韦尔奇那看似高高在上的业绩指标的呢？

从 1991 年 1 月安德斯到任至 2008 年 7 月查布拉贾离任，在长达 17

年半的时间里，安德斯和他钦点的两位接班人造就了惊人的结果，他们为通用动力公司的股东创造了 23.3% 的年复合回报率。相比之下，标准普尔 500 指数的年复合回报率为 8.9%，其他同行公司为 17.6%，如图 3-1 所示。

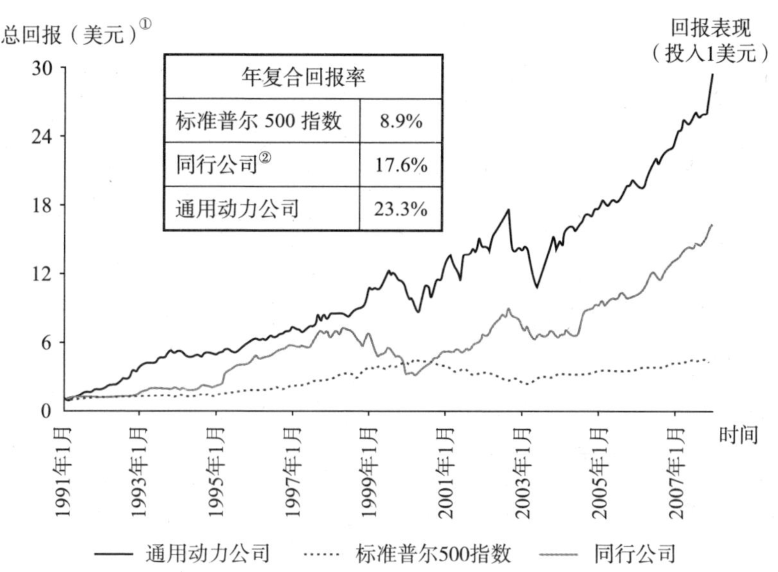

注：① 投资回报包括股票分拆和股票分红。

② 同行公司包括洛克希德 - 马丁公司（LMT）和诺斯罗普 - 格鲁曼公司（Northrop Grumman）数据基于 1991 年 1 月 1 日各公司股票市值的加权平均值。

图 3-1 通用动力公司“三驾马车”造就的历史

资料来源：证券价格研究中心（CRSP）和通用动力公司年报。

安德斯掌舵时投入的 1 美元，17 年后的价值达到了 30 美元；如果投资于同行公司指数，同样的 1 美元价值达 17 美元；如果投资于标准普尔 500 指数，则价值达 6 美元。CEO 三人组的表现分别是同行的 1.8 倍和标准普尔 500 指数的 5 倍，超过了被视为标杆的杰克・韦尔奇。

今天，通用动力公司看起来与安德斯卸任时大不相同，但它的基本原则并没有改变。通用动力公司在每条业务线上都是不容置疑的市场领导者，拥有业界最高的利润率和资产回报率，以及稳如泰山的资产负债表。2007 年底，查布拉贾指定了杰伊·约翰逊（Jay Johnson）作为继任者。约翰逊有着令人印象深刻的履历：在成为通用动力公司副董事长和指定接班人之前，他是有史以来最年轻的海军作战司令，也是电力巨头多米能－弗吉尼亚公司（Dominion Virginia Power）的 CEO。

与此同时，安德斯在圣胡安（San Juan）的一个幽静的小岛上定居下来，过上了典型的、老有所为的退休生活。安德斯在西雅图城郊建造了一所广受好评的航空博物馆，到了 70 多岁，仍然能驾驶喷气式飞机。尽管安德斯与通用动力公司保持距离，但公司的股票却一直在握。

比尔·安德斯的方法

“三驾马车”取得惊人回报的关键在于，通用动力公司在人力和资本方面实施了高效的配置方法，即使比照军工行业标准，这也很不寻常。在运营领域，安德斯和继任者专注于两个主要的优先事项：去中心化的组织以及管理层薪酬与股东利益相一致。

去中心化，将权力下放

鉴于许多 CEO 的军人背景，传统军工行业的特点是集中化和组织结构官僚化，这一点不足为奇。然而，在安德斯及其两位继任者的领导下，通用动力公司推行了一种截然不同的组织策略。20 世纪 90 年代初，安德斯和梅勒在收紧业务、大幅削减总部人员的同时，开始积极推动去中心化，并将权力在组织内部逐级下放，取消了管理的中间层级。查布拉贾延续了这种去中心化的做法并将其发扬光大。

到查布拉贾任期结束时，公司的雇员人数比安德斯上任时要多，但是公司总部的人数只有原来的 1/4。CEO 和任何利润中心负责人之间只隔了 2 个人，而以前隔 4 个人。总部所有的人力资源、法务和会计人员都被裁撤或下放到业务部门，同时公司竭尽所能地把总部对各业务部门的干涉降至最低，以防止查布拉贾所谓的“总部员工总在业务人员周围晃悠”。运营经理要对他们的预算超支承担责任，用查布拉贾的话来说“这是底线”，如果预算超支，他们就得走人。[10]

从安德斯开始，通用动力公司开始强调基于绩效的薪酬。20 世纪 90 年代初，安德斯心知肚明，只有大幅提高薪酬，才能吸引新的管理人员加入通用动力公司。安德斯本想制订一个传统的股票期权计划，但董事会告诉他，股东们对他上任前几年的股票表现感到不满，不会批准这一计划。然而，安德斯希望将管理层薪酬与股东利益绑定在一起，于是制订了一项薪酬方案，让管理层能够在持续上涨的股价中获益。

问题在于，这项薪酬方案几乎刚刚付诸实施，华尔街就开始认识到安德斯不同寻常的举动将带来的影响，股价随之迅速上扬，导致管理层很早就收到大笔的奖金。这些奖金立即被媒体揪住，引发了巨大的争议。然而，通用动力公司仍然坚守承诺，推行绩效薪酬方案。如今，通用动力公司高管薪酬的核心组成部分仍然是奖金和股票期权。

管理层薪酬与股东利益绑定在一起

在安德斯及其继任者的领导下，通用动力公司筹集和配置资本的方式与军工同行截然不同。凭借安德斯早期资产剥离带来的巨额收益，以及持续、健康的经营现金流，通用动力公司无须动用巨大的财务杠杆或者发行股票的方式来融资，然而仍然发生了一次重大例外。

不过，这次例外有助于揭示资本配置的一个重要问题。查布拉贾任期内的重大事件就是收购湾流公司。那么，查布拉贾到底是如何支付这笔巨额交易费用的呢？与安德斯的做法背道而驰，查布拉贾的做法属于见机行事且不循规蹈矩，查布拉贾增发了通用动力公司的股票，而且增发了很多。这似乎是一个稀释股东权益的举动，然而仔细研究，我们就会发现其中的奥妙：查布拉贾的做法与安德斯的原则殊途同归。

如图 3-2 所示，此次股票发行恰逢通用动力公司股票市盈率达到历史新高。与巴菲特大举收购通用再保险公司（General Re Corporation）没什么不同，此次也是以发行股票来获取现金，然后在历史高位完成溢价交易。

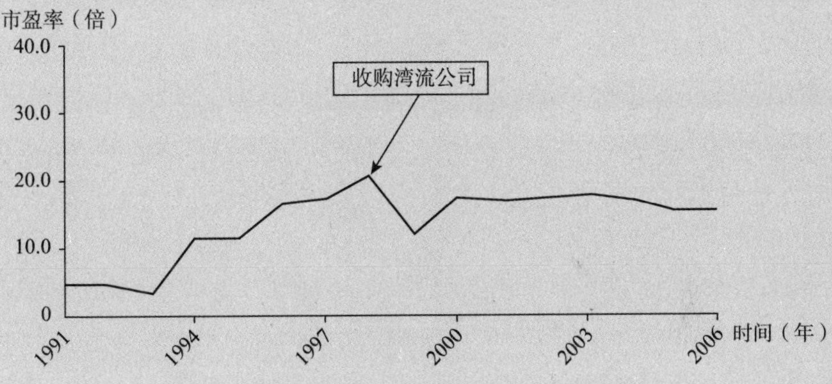

图 3-2　通用动力公司市盈率曲线（以年均数值为基准）

资料来源：证券价格研究中心和通用动力公司年报。

查布拉贾向我描述过：“驱使我这么做的原因是，我意识到该股的交易价格比历史正常水平高出了很多：股价相当于公司来年预期利润的 23 倍，而历史平均市盈率是 16 倍。这么高的股价，你会怎么做呢？当然是利用这次机会，收购相关领域低市盈率的溢价资产，并从中套利获益。”[11] 雷·刘易斯做出这样的总结：“查布拉贾卖出了相当于公司 1/3 市值的股票，然后买入了一项业务，这项业务提供的现金流占据了企业整合后全部现金流的一半。”[12]

和安德斯出售公司的 F-16 业务一样，查布拉贾的股票增发也强调这样一个重点：最好的资本配置者都是务实的，他们见机行事、随形而变，不受意识形态或既定战略的束缚。1999 年，查布拉贾看到了极其难得的机会，遂利用独特的廉价通货（股票）使得公司实力大幅增强，公司业务也得到多元化的发展。查布拉贾抓住了机会，为他的股东实现了可观的经济增值。

“三驾马车”的资本配置法则

那么，三位 CEO 究竟用全部现金做了什么呢？

在资本配置方面，安德斯和继任者的种种决策一直和军工行业的巨头们有着根本的不同。我们已经看到，当同行们陷入收购的狂热时，安德斯却成为一个积极的卖家。安德斯没有进行任何收购，在资本支出上也花费很少，并且精明地利用了分红和股票回购的策略，这一切对军工行业来说都是新鲜事儿。

在延续了安德斯收缩业务的策略之后，梅勒在资本配置舞台的主要贡献是，通过 1995 年与巴斯钢铁公司的大笔交易重新开启了收购之门，梅勒同时秉承了安德斯对分红和资本支出的节俭做法。与安德斯一样，查布拉贾也采取了反常规的分配策略：资本支出上的花费明显少于同行，支付的股息也少于同行，同时他将主要资源用于收购，并时不时地回购股票。

这些回购的回报率非常高，使得通用动力公司的平均回报率达到 17%。

三位 CEO 都致力于回购，安德斯和查布拉贾在这一重要领域尤为活跃。如我们所见，在卡普尼克的帮助下，安德斯在回购方面的贡献是 1992 年的要约收购，那一次公司 30% 的股份被回购。

如我们所见，查布拉贾也是通用动力公司股票回购的“大胃王”。与他的法学背景不符，查布拉贾更像投资者那样去思考，不断地将通用动力公司的股票价格与其内在价值进行比较，并在看到二者的差异时果断出击。谈及查布拉贾的时代，雷·刘易斯这样说：“当认为可以好好利用市场对公司股票的错误定价时，我们就狠狠地买入。”[13]

颠覆传统，不与愚蠢为伍

安德斯和查布拉贾有着相似的、不讨喜的性格，他们都热衷于颠覆传统，而且都不乐意与愚蠢为伍，这种态度在局外人 CEO 群体中绝非个例。他们对待华尔街分析师的方式与足球教练比尔·帕斯尔斯对待记者的方式大致相同，总体上的态度往往近乎鄙视。他们鄙视投资分析师的那点雕虫小技，虽然华尔街完全无法欣赏他们的冷傲，但通用动力公司的股东们肯定欣赏他们。

超级模仿者：诺斯罗普－格鲁曼公司

如果模仿是最真诚的恭维，那么通用动力公司最近无疑得到了诺斯罗普－格鲁曼公司的大力赞扬。诺斯罗普－格鲁曼公司是美国军工行业最大的公司之一，也是战斗机和导弹系统的领先制造商。自 20 世纪 90 年代初开始，该公司股票市场的回报率大大落后于通用动力公司。

2009 年，新任 CEO 韦斯·布什（Wes Bush）接手诺斯罗普－格鲁曼公司并宣布了重大的战略转型，其特征是出售非核心资产，重新强调净资产收益率和股票回购，以及大幅减少企业员工人数。听起来是不是似曾相识？

正如一位华尔街分析师所言："诺斯罗普－格鲁曼公司正在采取的步骤，让人回想起 20 世纪 90 年代初通用动力公司的变革……而且与军工企业的通常做法相悖，传统的军工企业总是过分强调收入增长……在过去的 20 年里，通用动力公司的表现明显优于其他继续追求规模的军工企业。"

自从韦斯·布什宣布这项新战略并让人们看到初步落实的迹象后，诺斯罗普－格鲁曼公司的股票价格就开始疯涨。今天，即便面临截然不同的外部政策环境，"安德斯公式"的每个部分仍然像倒塌前的柏林墙那样坚如磐石。

The

Eight
Unconventional CEOs
and Their Radically Rational
Blueprint for Success

特质 4

高效运用杠杆
约翰·马隆和TCI

Outsiders

The Outsiders

- 他是“美国有线电视业教父”，时代华纳公司大股东，仅次于默多克的新闻集团第二大股东。他是巴菲特最欣赏的商业奇才。

- 他是美国最大的地产拥有者，名下拥有 8 900 多平方千米的土地。

- 20 世纪 90 年代后期，其战略性的非有线电视项目结出硕果。1997 年，Teleport 以 110 亿美元被卖给了美国电话电报公司；1998 年，他将 Sprint/PCS 合资公司出售给 Sprint 公司，获得了作价 90 亿美元的 Sprint 公司股票；1999 年，通用仪器公司被以 110 亿美元的价格出售给摩托罗拉。

他是

约翰 · 马隆

JOHN MALONE

约翰·马隆	至少，无论如何……他们还没有摒弃算术法则。
布兰奇·瑞基（Branch Rickey）	运气可遇不可求。

到 1970 年，马隆在麦肯锡咨询公司工作的经历，足以让他一眼便知哪个行业更具吸引力。对有线电视行业了解得越多，马隆就越喜欢它。特别是这个行业有三件事引起了马隆的注意：类似公用事业那样可精确预测的收入；税收的特别优惠；行业的发展好像疯长的野草。在麦肯锡咨询公司工作的那些年里，马隆从未见过哪个行业能将这三个特点结合在一起，他很快下定决心，要在有线电视行业成就自己的事业。

财务杠杆，举债扩张的巨大魅力

高增长性和可预测性的结合尤其有吸引力。在 20 世纪六七十年代，有线电视行业呈现出快速增长的态势，全美各地的乡村社区都在为他们喜爱的频道和节目寻求更好的电视信号接收效果，有线电视用户数量随之增长了 20 多倍。有线电视用户按月付费，很少要求停网，这使得有线电视业务可以高度量化，经验丰富的高管从而能够非常精确地预测客户增长和盈利能力。马隆拥有异于常人的定量分析能力，干这一行简直就是如鱼得水。套用诺曼·梅勒（Norman Mailer）的话来说："马隆加入有线电视业务，犹如超人来到了超市。"

1941 年，马隆出生于康涅狄格州的米尔福德（Milford）。他的母亲是一名教师，父亲是一名研发工程师，每周有 5 天都在走访通用电气的工厂。马隆很崇拜自己的父亲。十几岁时，马隆在机械制造方面的才能初见端倪，他通过购买、翻新、出售二手收音机来赚取零花钱；高中时，马隆参加过击剑、足球和田径比赛，是个运动健将。马隆毕业于耶鲁大学，获得了经济和电子工程的双学位，毕业后几乎立刻就与高中时的心上人莱斯莉步入婚姻殿堂。

从耶鲁大学毕业后，马隆在约翰·霍普金斯大学获得了运筹学硕士和博士学位。马隆研究的两个学术领域即工程学和运筹学都要进行高度的定量分析，且都专注于系统优化，聚焦于最小化"噪声"、最大化"输出"。事实上，马隆未来的整个职业生涯可以看作是高效"价值工程学"的延伸，最大化输出的是股东价值，最大限度减少的是各种噪声，比如减少税收、管理费用和各种法规的影响。

获得博士学位后，马隆就职于美国电话电报公司享有盛誉的研究机构贝尔实验室。在那里，他专注于研究垄断市场下公司的最优策略。经过大量的财务建模，马隆得出结论：美国电话电报公司应该提高债务水平，并通过股票回购来大量减少股本总数。美国电话电报公司董事会表面上欣然接受了这个非常规的建议，但随之将其束之高阁。

几年后，马隆认定自己不适应美国电话电报公司的官僚文化，于是去麦肯锡咨询公司找到了一份差事，并向妻子保证不会向父亲那样频繁出差。但是很快，马隆就发现这份工作要服务于形形色色的《财富》500强公司，他每周有 4 天在路上奔波。1970 年，马隆的客户通用仪器公司（General Instrument）为他提供了一个职位，让他去管理旗下正在迅速发展的有线电视设备部杰罗尔德（Jerrold）。29 岁的马隆欣然接受了这个机会。

在杰罗尔德，马隆积极培养与各大有线电视公司的关系，两年后，他同时收到了两家最大的有线电视运营商老总的邀请：华纳通信公司的史蒂夫・罗斯（Steve Ross）和 TCI 的鲍勃・马格内斯（Bob Magness）。尽管 TCI 给的薪水比华纳通信公司低了 60%，但是因为马格内斯为马隆提供了一个更好的股票期权方案，而且他的妻子更喜欢相对宁静的丹佛而不是快节奏的曼哈顿，所以马隆最终选择了 TCI。

马隆决定加入的 TCI 曾有过长期高速发展的历史，然而当时却面临着破产危机。1956 年，马格内斯抵押了房产，然后在得克萨斯州孟菲斯市买下了自己第一个有线电视网络，TCI 得以创立。马格内斯此前是一个四处兜售棉花籽的推销员和牧场主，在一次搭顺风车的时候了解到有线电视业务，就像 15 年后的马隆一样，他立刻就意识到这个行业诱人的经济特性，并在极短的时间内抓住了该行业税收优惠的特点。

精明的有线电视运营商通过举债去建设新的电视网络以及对固定资产进行大幅折旧，成功地利用税盾效应去减少税收对现金流的影响。大额的折旧支出和债务利息费用都能降低应纳税收入，因此，运营良好的有线电视公司账面上很少显示营业利润。最后的结果就是，尽管现金流非常充裕，但公司却很少缴纳税款。如果运营商不断地利用举债去购买或建造新的有线网络，进而对新获得的资产进行折旧，它们就能够继续无限期地利用税盾效应进行避税。马格内斯是最早充分认识到这些特性的先驱之一，并积极利用税务杠杆把公司做强做大。马格内斯的名言是“付息胜于纳税”。

TCI 于 1970 年上市，到 1973 年马隆加入时，它已经成为美国第四大有线电视公司，用户达到 60 万个。当时公司的债务已经达到惊人的水平，是营业收入的 17 倍。马格内斯意识到，在下一个成长阶段，他需要新的管理人才来带领公司。经过漫长的“求爱”之后，马格内斯终于俘获了麦肯锡咨询公司的这位青年才俊。马隆给 TCI 带来了不同寻常的卓越组合，包括卓越的分析能力、丰富的财务经验、对技术的精通和过人的胆识。然而，马隆的任期开始时却十分不顺。

1972 年末，有线电视行业的股票市场十分火爆，TCI 计划公开增发新股，以减轻巨额的债务负担。但是，马隆到任后的数月内，整个业界被行业新规弄得晕头转向，有线电视股也迅速降温，迫使公司取消了增发计划，TCI 因此陷入了摇摇欲坠的债务危机。

1973—1974 年的阿拉伯石油禁运导致了有线电视市场的流动性突然蒸发，整个行业处于风雨飘摇之中。拥有 32 岁新任 CEO 的 TCI，其债务负担远远超过任何同行，蹒跚在破产的边缘。“简直一塌糊涂。”马隆以其素有的直率评价了他在 TCI 的开局。[1]

马隆不得不采用强硬手段，他和马格内斯在接下来的几年里一直在阻止债权人行使权力，让公司免于破产。他们不停地与银行家见面。在一次剑拔弩张的债权人会议上，马隆把钥匙扔在会议室的桌上，边走出房间边说："如果你们想要这一堆电线，拿去便是。"惊慌失措的银行家最终让步，同意放宽 TCI 的债务条款。

规模杠杆，用户人数决定未来成败

在此期间，马隆引入了新的财务和运营规定，他告诉各运营经理，如果他们在保持利润的同时每年能增加 10% 的用户，他就给予他们独立经营及独立决算的权力。崇尚节俭、锐意创新的企业文化经过多年发展在公司内蔓延开来，逐渐从公司总部渗透到运营一线。

作为一家正在重新定义美国传媒业格局的公司来说，TCI 的总部怎么看也不像是行业龙头的总部。公司办公室装修简朴，只有为数不多的高管人员和极少的秘书，塑胶地板上摆放着金属涂层已经开始剥落的办公桌。公司只有一位接待员和一部自动应答电话。TCI 的高管们出差都是合住，而且通常住的是汽车旅馆。COO 斯帕克曼回忆说："那些日子，对我们来说，能住上假日酒店是罕见的奢侈。"[2]

马隆把自己视为投资者和资本配置者，他将日常运营的职责委托给斯帕克曼。作为马隆的左膀右臂，斯帕克曼通过严格的预算程序管理着公司遍布各地的业务。这位从空军退役的军官，以近乎军事化的管理要求运营经理们必须达成现金流的预算目标。只要他们达成目标，这些一线的管理者就拥有高度的自主权。而那些月度预算不达标的经理人会经常受到巡视的 COO 的拜访，表现不佳的人很快会被淘汰。

·高楼大厦情结·

精心建造的新总部大楼与投资者回报之间存在着明显的负相关。例如，纽约时报、IAC 集团和时代华纳这三家媒体公司都曾斥巨资在曼哈顿市中心建造了像泰姬陵一样精致的总部大楼。与此同时，这些公司中没有一家进行过重大的股份回购，也没有获得超过市场预期回报。与之相反，局外人 CEO 中没有任何一位建造过豪华的总部。

由于厉行节俭，TCI 在很长一段时间内有着业界最高的利润率，并在其投资人和债权人中赢得了美誉。长期以来，公司“承诺得很少，但是做得很多”。翻阅公司早期历史上那些分析报告，可以看到一个模式在反复循环：一个季度又一个季度，公司实际的现金流和用户数总是略高于预期。

1977 年，TCI 终于发展到足以吸引保险公司财团，从而以较低成本的负债取代银行债务。随着资产负债表日益稳健，马隆终于能够发动攻势，实施他对 TCI 的战略规划。这项规划另辟蹊径，它源于马隆的核心战略洞察力，自从加入公司的那一刻起，就已经在马隆心中萌芽。

作为工程师兼企业优化师，马隆很早就意识到，在有线电视业务中创造价值的关键是最大化财务杠杆与供应商杠杆，尤其是那些节目供应商，而这两种杠杆的关键就是规模。这就是看似简单但实则强大的洞察力，马隆一心一意地追求着这个目标。正如他在 1982 年告诉 TCI 资深投资者戴维·沃戈的：“有线电视未来盈利和成功的关键，将取决于通过杠杆规模来控制节目成本的能力。”[3]

在一个有线电视网络中，占总运营费用 40% 的最大的成本项目是支付给节目供应商的费用，比如 HBO 电视网、音乐电视网、娱乐与体育电视网等。较大的有线电视运营商能够通过谈判来降低每个用户的节目成本，并且有线电视公司的用户越多，每个用户的节目收看成本就越低，有线电视公司的现金流也就越高。随着公司规模不断扩大，这些费用折扣也在累积，从而为最大的行业玩家提供了强大的规模优势。

因此，与小规模公司相比，支付最低节目费用的反而是规模最大的公司，它们在进行新的并购时具有可持续的优势：它们能够支付更多的费用以买入一家有线电视公司，并购之后仍能获得相同或更高的回报。这就创造了扩大规模的良性循环，就像这样：你如果买入更多的有线电视网，就会降低节目成本并增加现金流，这又允许你使用更多的财务杠杆去买入更多的网络，从而进一步降低节目成本。这个反馈回路的逻辑及其能量现在看来一目了然，但当时没有其他人像马隆和 TCI 那样疯狂地追求规模。

与追求规模这一核心思想相关的是，马隆认识到，当时大多数上市公司所追求的是每股收益最大化，这与新兴的有线电视行业追求规模的做法不一致。对马隆来说，净利润越高意味着税收就越高，他认为有线电视公司的最佳财务策略是：使用一切有效手段来最小化账面盈余和各种税项，并用税前现金流为企业内部成长和外部并购提供资金。

很难找到合适的词来形容这种不合常规的方法。当时，华尔街以一段时间内的每股收益来评估公司效益。在很长一段时间内，马隆是电视行业里唯一关注现金流的人；其他大型有线电视公司最初是以每股收益为目标来经营公司的，后来它们意识到发展有线电视业务时很难兼顾每股收益，才转而关注现金流，而康卡斯特公司到 20 世纪 80 年代中期才最终转向关注现金流。正如长期跟踪有线电视行业的分析师丹尼斯·莱博维茨（Dennis Leibowitz）告诉我的那样："忽视每股收益，使 TCI 在与其他上市公司的竞争中获得了重要的先发优势。"[4]

尽管关注现金流战略现在看来理所当然，并最终为同行们所复制，但在当时，华尔街并不知道该如何利用它。摒弃每股收益的概念，马隆向债权人和投资人强调的是现金流，并在这个过程中，发明了一个为今天的经理人和投资人所熟知的新词。这个术语和概念就是 EBITDA，由马隆首度引入商业词汇中。EBITDA 是一个全新的概念，它比以往任何概念都更进一步地阐释了利润表，从而得出了企业在支付利息、税项、折旧或摊销费用之前产生现金的能力。如今，EBITDA 在整个商业领域得到了广泛应用，特别是在私募股权业和投资银行业。

有线电视行业的股票行情在整个 20 世纪 70 年代和 80 年代早期一直起伏不定。马隆和马格内斯担心公司有可能被恶意收购，于是利用市场偶尔的下跌，把握机会进行回购，从而增加了他们联合控股的比例。1978 年，他们创立了拥有超级投票权的 B 股，并实施了一系列复杂的回购和交易，到 1979 年总共控制了 56% 的 B 股，从而确保了资深高管谢诚刚（John Sie）所描述的状态：对 TCI 的"铁腕控制"。

自那时起，由于掌握了控股权和更强劲的资产负债表，马隆秉持坚持不懈、不断创新的精神开始追求扩大规模。利用公司新债权人的出资、公司内部现金流和偶尔的股票增发，马隆开始了一项异常活跃的收购计划。1973—1989 年，TCI 完成了 482 宗收购案，平均每周一次。对马隆来说，完成一宗收购案就增加了一群用户，再完成一宗再增加一群，再完成再增加。正如老牌投资人里克·赖斯（Rick Reiss）所说："为了追求规模，马隆愿意去考察海滨的物业，即便那里靠近一个臭气熏天的垃圾场。"多年来，马隆从各种各样的卖家那里购买电视网络，比如卡车司机工会（Teamsters）和美国前第一夫人伯德·约翰逊（Bird Johnson）。[5]

然而，马隆并没有盲目地收购。20 世纪 70 年代末和 80 年代初，随着 HBO 电视网和音乐电视网等卫星频道的出现，有线电视行业进入了新阶段。它的服务对象突然从主要面向接收效果不佳的乡村客户转变为城市客户，后者正对内容匮乏的电视节目感到厌倦，高度期待新的频道。随着有线电视行业进入新阶段，许多大型有线电视公司开始集中精力争夺在大都市的特许经营权。这些特许经营权的竞标很快升温并价格不菲。

但是马隆并未随波逐流。有线运营商往往受制于市政当局，后者会强加一些极其苛刻的经济条款，马隆对此感到十分不满。在特许经营权的竞标之战中，马隆是唯一拒绝参战的大型有线电视运营商，他转而关注对低价的乡村和郊区用户的争取。1982 年，TCI 拥有 250 万个用户，已然成为业内最大的公司。

在过高的债务和政府苛刻的合同条款的综合作用下，许多早期获得了城市特许经营权的公司纷纷破产，马隆却大步前进，仅以当初竞标价格的零头就获得了经营权。通过这种方式，TCI 获得了匹兹堡、芝加哥、华盛顿、圣路易斯和布法罗等市的有线电视特许经营权。

整个 20 世纪 80 年代，美国联邦通信委员会的法规都非常宽松。得益于此，TCI 以激进的方式不断购入电视网络，稳定的小额收购中也夹杂着几笔大额交易，比如收购西屋公司（Westinghouse）和斯托勒通信公司

（Storer Communications）。除此以外，TCI 还通过合资企业的方式继续积极布局，与那些业界传奇的企业家合作，如比尔·布雷斯南（Bill Bresnan）、鲍勃·罗森克兰茨（Bob Rosenkranz）和利奥·欣德里（Leo Hindery）。在和这些企业家合作创建的有线电视公司里，TCI 仅持有少量股权。1987 年，TCI 的规模是其第二大竞争对手时代公司下属公司 ATC 的两倍。

20 世纪 70 年代末和 80 年代初，通过与那些年轻有为的节目制作人和有线电视行业的创业者合伙，马隆的创造力在合资企业的浪潮中得到了进一步证明。读一读这些合伙人的名单，就像进入了有线电视领域的名人堂，这些人包括泰德·特纳（Ted Turner）、谢诚刚、约翰·亨德里克斯（John Hendricks）和鲍勃·约翰逊（Bob Johnson）。在建立这些合伙关系的过程中，马隆实际上就是极具创造力的风险投资家，他积极网罗那些年富力强的创业者，并把 TCI 庞大的用户数和极低的节目成本等规模优势嫁接入这些创业公司。作为回报，马隆会要求获得这些企业的少数股权。如此一来，马隆为股东创造了巨额回报。一旦发现自己中意的创业者或者好点子时，马隆就立即采取行动。

强强联合的开端当属 1979 年，马隆和黑人娱乐电视（BET）的创始人鲍勃·约翰逊第一次见面结束时，就给对方签下了一张 50 万美元的支票，一时间名声大噪。马隆由此开始积极追求对节目制作方的参股，作为回报，他提供了让对方很难拒绝的组合方案：TCI 提供创业启动资金和链接公司数百万家庭用户的机会。1987 年，特纳的特纳广播网（Turner Broadcasting System）濒临破产，其节目频道包括美国有线电视新闻网（CNN）和卡通电视网（The Cartoon Network），马隆带领一个有线电视公司财团对其进行了援助。到 20 世纪 80 年代末，TCI 的节目组合除了特纳公司的频道外，还包括探索频道、昂科拉电影频道（Encore）、QVC 购物频道和 BET 娱乐频道。至此，马隆已成为有线电视网络和有线电视节目的重要拥有者。

业务再梳理，如何把自己的公司卖到天价

20 世纪 90 年代初，有线电视行业迎来了一场不能更糟的厄运风暴，先是 1990 年出台的针对高杠杆交易（HLT）的新法规，它限制了行业的债务融资渠道；然后更糟糕的是，美国联邦通信委员会在 1993 年收紧了行业监管政策，降低了有线电视费率。马隆无视这些不利因素，继续选择性地收购大型有线电视网络维亚康姆和联合艺术家有线电视公司（Viacom and United Artists Cable），并推出新的节目网，包括星光电视台的昂科拉电影频道（Starz/Encore）以及与鲁伯特·默多克、福克斯公司合作出品的一系列地区性体育节目网络。

1993 年，马隆提出了一项惊人的发展举措，他与电话巨头大西洋贝尔公司（Bell Atlantic）达成协议，将 TCI 的股票作价 340 亿美元出售给对方。然而，收紧后的行业法规不允许这项并购，加上 TCI 的现金流和股价齐跌，这项交易最终被取消。随后 10 年，马隆把更多的时间花在了有线电视业务之外的非核心项目上。他带领一个由不同的有线电视公司组成的财团，创建了两个颇具规模的新实体：Teleport 和 Sprint/PCS，前者是一家极具竞争力的电信服务公司，后者是与 Sprint 共同竞标移动电话特许经营权的合资企业。

在达成这些新目标的过程中，马隆把公司资本和自己的时间都分配到这些项目上，他认为这些项目会极大地提升公司的市场主导地位，并

将提供可观的潜在回报。1991 年，马隆将占 TCI 小部分权益的节目类资产分拆出来，并入新成立的自由媒体公司，并最终获得了该公司的大量个人股权。这是马隆创建的一系列追踪股票（tracking stocks）中的第一只，其他的追踪股票包括用于投资 Teleport、Sprint/PCS、其他非有线资产的 TCI 风投和用于投资各种各样外国有线电视资产的 TCI 国际。

马隆是公司分拆和股票追踪领域的先驱，他认为二者实现了两个重要目标：

- 提高透明度，使投资者能够对公司不同部分的资产进行估值，而这些资产之前为 TCI 迷宫般的公司结构所掩盖。
- 促成 TCI 核心的有线电视业务与其他利益相关方特别是节目制作方的进一步分离。如果不分离，就有可能构成关联交易，从而导致监管机构的审查。

1981 年，马隆开始分拆西部远程通信公司（Western Tele-Communications）的微波业务。当这项业务出售给美国电话电报公司时，TCI 已经分拆了 14 家不同的实体，股东由此获得了非凡回报。像亨利・辛格尔顿和比尔・斯蒂利茨（Bill Stiritz）一样，在分拆过程中，马隆为了让股东获得最佳的经济效益，有意识地增加了交易的复杂性。

1995 年斯帕克曼退休后，马隆将公司有线电视业务的运营权交给了新的管理团队，团队由前营销主管布伦丹・克劳斯顿（Brendan Clouston）负责。在克劳斯顿的领导下，TCI 开始重视客户服务，并大举投入资金升级老化的有线网络基础设施。但是，在 1996 年第三季度，TCI 严重偏离预期，有史以来首次出现用户流失，季度现金流也出现了下滑。马隆对此结果感到十分失望，他收回帅印，并一反常态地直接管理运营：迅速裁员 2 500 人，停止所有资本设备订单，并积极地对节目采购合同重新谈判。马隆还解雇了一些顾问，他们此前被雇来为有线网络的升级提供服务。马隆还将客户服务的责任交还给了负责地区网络的经理们。

业务逐渐稳定下来，现金流也得到改善，马隆邀请利奥·欣德里主抓运营。欣德里是 TCI 大型合资企业联合媒体合伙人公司（InterMedia Partners）的 CEO。马隆自己将注意力重新转回到那些战略目标上。欣德里继续推进重组进程：任命 TCI 的老职员马文·琼斯（Marvin Jones）为首席运营官，赋予区域经理更多职权，他还积极追求并购交易，从而使得用户集群更加密集且成本更加低廉。

欣德里刚到任，马隆就将注意力集中在开发数字机顶盒上，这项技术使得有线电视行业能够有效抗衡那些新的卫星电视运营商。马隆曾向微软寻求合作，但最终与该行业最大的设备制造商通用仪器公司达成协议，以每台 300 美元的价格订购 1 000 万台机顶盒。作为回报，马隆要求拥有通用仪器公司的大量股权，并最终获得了 16% 的股权。

在 1996 年和 1997 年的经营危机中，马隆的导师和长期合作伙伴马格内斯去世，这使公司的控股权陷入不确定状态。通过一系列惯常的复杂交易，马隆与公司一道，买下了马格内斯那些具有超级投票权的股票，从而确保在终局阶段保有对 TCI 的“铁腕控制”。

20 世纪 90 年代后期，马隆的几个战略性的、非有线电视项目开始结出丰硕果实，他此前对项目潜在的回报预期也被证明是正确的：1997 年，Teleport 以惊人的 110 亿美元的价格出售给美国电话电报公司，投资回报率高达 28 倍。1998 年，Sprint/PCS 合资公司出售给 Sprint 公司，获得了作价 90 亿美元的 Sprint 公司股票；1999 年，通用仪器公司被以 110 亿美元的价格出售给摩托罗拉。

同样是 20 世纪 90 年代后期，马隆的重心有所转移，希望为 TCI 找个好买家。尽管马隆的内心热爱有线电视业务，但作为一位极度理性的 CEO，早在 1981 年，他就曾对分析师戴维·沃戈表示："我觉得 TCI 的股票每股值 48 美元，如果有人向我们开这个价，我们就卖。"[6] 这个目标价持续提升，而且在很长一段时间内无人问津。然而，在 20 世纪 90 年代的发展中，马隆看到了一大片影响 TCI 未来的阴云：来自卫星电视的竞争持续加剧、公司乡村网络升级的巨大成本以及继任管理层的不确定性。当他收到美国电话电报公司雄心勃勃的新任 CEO 迈克·阿姆斯特朗（Mike Armstrong）的询价信时，马隆便热切地开始与对方讨价还价。和往常一样，马隆亲自主持这些谈判，常常要面对桌子对面那一大堆来自美国电话电报公司的律师、银行家和会计师。

随着两家公司谈判逐渐展开，马隆证明了自己在出售公司方面和收购公司一样娴熟。正如里克·赖斯所说："马隆把美国电话电报公司的董事会翻了个底朝天，晃荡出他们口袋里的每一分钱，然后才让他们回到董事会的位子上去。"[7] 最终的结果是：交易价格相当于 12 倍的 EBITDA，即每个用户作价 2 600 美元。这个结果超乎想象，更惊人的是，公司那些如同打满补丁的棉被一般的、老化的乡村网络一点也没有打折。当然了，马隆一贯对不必要的税收保持高度警觉，他把这笔交易架构成股票买卖，从而允许他的投资人延迟缴纳资本利得税。

此外，马隆通过获得董事会 9 个席位中的 6 个，保留了对子公司自由媒体的有效控制，并为其频道在美国电话电报公司有线电视网络中播出签署了一份价格诱人的长期合同。这笔交易是马隆在 TCI 独特战略的最后一次有力验证，为他的投资人创造了令人难以置信的丰厚回报：在马隆掌舵 TCI 的 25 年里，整个有线电视行业迅猛发展，行业里所有的上市公司都兴旺发达。然而，与马隆作为股东创造的巨大价值相比，其他所有有线电视公司的高管只能望洋兴叹。从 1973 年马隆首次亮相到 1998 年把公司出售给美国电话电报公司，TCI 股东的年复合回报率达到了惊人的 30.3%，而同期其他上市交易的有线电视公司的年复合回报率为 20.4%，标准普尔 500 指数的年复合回报率为 14.3%（见图 4-1）。

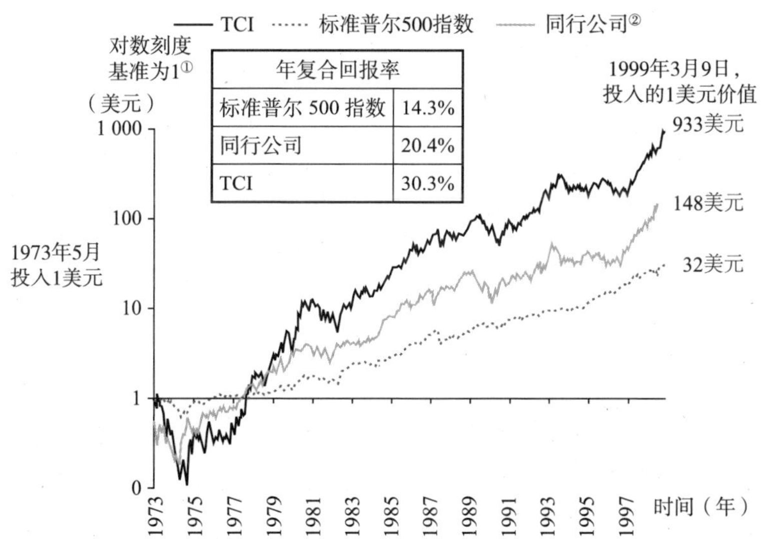

年复合回报率	
标准普尔 500 指数	14.3%
同行公司	20.4%
TCI	30.3%

注：① 包括股票分拆和股票分红。

② 同行公司包括 Adelphia Communications 公司、American Television & Communications 公司、Cablevision Systems 公司、Century Communications 公司等。

图 4-1 马隆任职期间，超高的总回报

资料来源：证券价格研究中心和 TCI 年报。

假如在马隆时代的开端，向 TCI 投资 1 美元，到 1998 年中，其价值会超过 900 美元。如果投资于其他上市交易的有线电视公司，这 1 美元价值 180 美元；如果投资于标准普尔 500 指数，这 1 美元价值 22 美元。因此，在马隆任期内，TCI 的表现是标准普尔 500 指数的 40 多倍，是其他同行的 5 倍。

The
约翰·马隆的方法
Outsiders

马隆任期内的有线电视业务是高度的资本密集型的，建设、购买和维护有线电视网络需要大量的现金。当马隆试图通过扩大用户基数来实现规模扩张时，除了 TCI 强劲的经营现金流之外，他还有三个主要的资金来源：举债、发行股票和出售资产。马隆对每一项来源的使用都有其独到之处。

避税是关键

在有线电视行业，马隆率先积极使用债务手段进行融资。他认为金融杠杆有两个重要属性：放大财务收益，以及通过支付利息来抵扣税款，从而帮助 TCI 的现金流避税。马隆将总负债与 EBITDA 的比率定为 5 倍，并在 20 世纪 80 年代和 90 年代的大部分时间里保持这一比率不变。庞大的规模使 TCI 能够将其债务成本降至最低，而马隆具有在 70 年代中期煎熬的惨痛经历，所以他非常谨慎地构建自己的债务结构，一来降低成本，二来避免交叉担保。这样，如果某个系统出现债务违约，也不会影响整个公司的信用。这种所谓“密封舱”（这个术语源于马隆对所有与航海相关事项的痴迷，他有时也会提到 TCI 的“折旧涡流”）的做法进一步加大了 TCI 结构的复杂程度，却为公司在出现下行风险时提供了实质性的保护。

在发行股票方面，马隆都力求十拿九稳，公司偶尔增发股票的时机都正好与其股票创纪录的市盈率相吻合。正如马隆在 1980 年的一次接受采访中所说："我们公司股价最近的上涨为这次增发提供了一个很好的机会。"[8] 马隆有理由为自己在发行股票方面的小气感到自豪，并且认为这是他和同行不同的另外一个因素。

马隆偶尔会抓住机会出售资产。对于那些有线电视公司，马隆会冷静地评估：如果上市，其股票价值是多少；如果没有上市，其企业价值又是多少；当二者背离时，他就积极地在两个市场中进行交易。马隆谨慎地让公司处于净运营亏损（NOL）状态，这些亏损来自多年来折旧款和利息抵扣税款的累积，这使得他可以出售公司资产而无须纳税。由于这种税收方面的防护，只要价格够高，马隆就可以放心地出售部分网络，为未来的增长筹集资金。正如马隆早在 1981 年对戴维 · 沃戈所说的那样："卖掉我们的部分网络也许是有意义的……以相当于 10 倍现金流的价格卖掉，再用 7 倍市盈率的价格回购我们的股票。"[9]

公司的另一个主要资金来源是免缴的税款。正如我们所见，税负最小化是马隆在 TCI 战略的核心组成部分，他将马格内斯应对税收的传统方法提升到了全新的水平。马隆憎恶税收，他认为税收是对自由主义精神的亵渎。马隆将工程思维模式应用到如何实现税负最小化的问题上，就像他在电子工程考试中让信号丢失最小化一样。在马隆任期内，公司的现金流增长了 20 倍，却从未缴纳过巨额税款。

事实上，马隆不惜投下重金雇用了一些公司内部税务专家。这个内部税务团队每月召开会议，由马隆本人亲自主持，制定最佳的税务策略。马隆出售公司资产，几乎总是为了购买股票，这就是今天自由媒体公司仍持有新闻集团（News Corp.）、时代华纳、Sprint 和摩托罗拉公司大量股票的原因；抑或是马隆出售公司资产的目的在于，通过累积的净运营亏损来掩盖收益；同时，马隆还不断地使用最新的税务策略。正如丹尼斯·莱博维茨所说："除非基于税收方面的考虑，否则 TCI 不会去处置资产。"[10] 没有其他任何一家有线电视公司像 TCI 那样在税务上投入如此多的时间和精力。

鉴于 20 世纪七八十年代有线电视行业的非凡增长，就资本配置来说，马隆拥有阵容奢华的高回报选项，他以此优化了 TCI 的结构。对待资本配置，马隆拥有一种冷静理性、近乎外科手术式的方法，他乐于研究任何能提供诱人回报的投资项目，而无视其复杂性或独特性。马隆把工程思维运用其中，寻找那种投资潜力十分明显的标的，并只专注于有高额回报的项目。有趣的是，马隆不使用复杂的电子表格，而喜欢可以通过简单算术就能确认回报率的项目。正如马隆曾经说过的："计算机需要大量的细节……而我是数学家，不是程序员。我可能正确，但绝不精确。"

收购的简单法则

在决定如何配置 TCI 的资本时，马隆做出了与同行截然不同的选择。他从不分红，甚至不考虑分红，也很少偿还债务。马隆在资本支出方面颇为吝啬，在企业收购方面却跃跃欲试，对待股票回购则随机应变。

在 90 年代中期卫星电视竞争潮流到来之前，马隆发现，除非带来新的收入，否则改善有线基础设施并不会带来任何可量化的利润。对马隆来说，其中的数学逻辑无可辩驳地清晰：如果资本支出越低，现金流就会越高。因此，多年来马隆无视华尔街的请求，一直拒绝升级他的乡村网络。

带着一如既往的坦诚，马隆曾经提到："这些乡村网络是我们的糟粕，我们不会试图重建它们。"[11] 这种态度与其他有线电视公司的领导人迥然不同，后者经常鼓吹自己对新技术的广泛投资。

具有讽刺意味的是，马隆这位最懂技术的 CEO，通常是有线电视公司里最后一个实施新技术的人，他更喜欢扮演技术"传播者"的角色，而不是"拓荒者"。马隆深知新技术的应用是多么困难并且代价高昂，他更倾向于等待，让同行们先去证明新技术在经济上的可行性。在谈及 20 世纪 80 年代初延缓引入新安装盒的决定时，马隆说："等一等再投资，不会让我们失去任何主战场。遗憾的是，有线电视技术的拓荒者们常常会被射成刺猬。" TCI 是最后一家推出付费节目的上市公司，并且，马隆说服节目供应商由其支付设备费用。

然而，在需要投资的时候，马隆却绝不手软。90 年代中期，来自卫星电视的竞争逐渐凸显，马隆是业内最早支持引入昂贵的新型机顶盒的人士之一。这种机顶盒有助于提高频道容量并丰富客户的选择。

毋庸置疑，TCI 最大的资本配置渠道当然是收购。如我们所见，作为有线电视网络的买家，马隆既积极进取又恪守原则。这看似矛盾，其实不然。马隆收购的公司比其他任何人都多，事实上，他收购的公司数目比三四个最大的竞争对手收购公司的总和还要多。总的来说，面对长期以来监管的不确定性和潜在竞争威胁的行业特征，这些收购是对有线电视行业的未来押下了重注；1979—1998 年，TCI 平均每年花在收购上的金额相当于企业市值的 17%，其中有 5 年超过 20%。

不过，马隆这个买家会基于企业价值买卖，他很快就开发出一条简单的法则，成为公司收购计划的基石：对节目类资产打折计算并扣除日常开销，在其现金流易于量化并得到确认的基础上，才会用不超过现金流 5 倍的价格去收购公司。这种分析可以在一张纸上完成，如果必要的话，甚至可以在餐巾纸的背面完成，而不需要大量的建模或推论。

法则能否发挥作用，重点在于一系列推论的质量和预期协同效应的实现能力。马隆和斯帕克曼训练了他们的运营团队，让团队可以高效地消除新收购带来的不必要成本，从而实现协同。从陷入困境的华纳通信公司手中接下匹兹堡市的特许经营权后，TCI 立即将员工削减了一半，关闭了华纳通信公司在匹兹堡市建造的豪华演播室，并将其总部从市中心的摩天大楼搬到了一个轮胎仓库。几个月内，以前没有盈利的华纳通信公司有线电视网络就产生了可观的现金流。

马隆的简单法则让他在机会来临时能够迅速出手。1987 年，拥有百万有线电视用户的霍克家族（Hoak Family）决定出售其业务，马隆在一小时内就与其达成了交易。对于不符合法则的交易，马隆也能轻松地弃之而去。资深行业分析师保罗 · 卡根（Paul Kagan）回忆道："马隆放弃了规模可观的夏威夷业务，那笔交易只比他的目标价高出 100 万美元。"

在大型有线电视上市公司的 CEO 中，只有马隆会在周期性的市场低迷时期，抓住机会购买自己公司的股票。正如莱博维茨所说："在这一时期内，其他上市的多系统运营商（MSO）中，没有人进行过任何重大的股票回购。"[12] 与此形成对照的是，在马隆任期内，TCI 回购了 40% 以上的公司股份。马隆对回购时机的把握非常到位，带来的平均复合回报率超过了 40%。

20 世纪 80 年代初与戴维·沃戈的交易，清晰地阐释了马隆关于回购的机会主义哲学：“我们正在评估所有的可能，以便以当前价格回购股票之后能就其差价进行套利，这个差价源于当前市盈率下企业市值和企业真实价值之差。”[13] 这些回购提供了一个有用的基准，以评估包括收购在内的其他资本配置方案。如马隆在 1981 年对戴维·沃戈所说：“我们的单只股票价格只有 20 美元出头……买下它看起来比购买其他有线电视公司更有吸引力。”[14]

在 5 种资本配置选项的标准菜单中，马隆又增加了第 6 项：投资合资企业。没有一位 CEO 对合资企业的利用像马隆那样积极，或通过合资企业为股东创造如此多的价值。马隆很早就意识到，他可以借助公司规模产生的杠杆效应，获得节目制作方和其他有线电视公司的股权；同时只需要付出很少的增量投资，这些股权就可以为股东增加可观的价值。在出售给美国电话电报公司时，TCI 拥有 41 项独立的股权投资权益，它的大部分长期回报都归功于这些有线电视或非有线电视领域的合资企业。

由于这些合资企业经营业务各不相同，TCI 是出了名的难以分析，而且常常将其业务以折扣价出售给有线电视同行。正如戴维·沃戈所说：“要了解 TCI，你就不得不去阅读它们所有的‘脚注’，但很少有人这么做。”[15] 不过，马隆认为，考虑到这些业务多年来创造的巨大价值，这种复杂性只是很小的代价。正如马隆的许多举措一样，入股这些合资企业事后看来都合乎逻辑，但当时它们都有违常理：业界没有其他人利用合资企业来扩大电视网络的所有权，很长时间以后，其他多系统运营商才开始寻求获得节目制作方的股权。

“牛仔”文化

几乎就像《星际迷航》（*Star Trek*）中的斯波克船长一样，马隆特立独行并且精于算计，同时他也成功地创造了强大的企业文化，并造就员工极高的忠诚度。马隆通过激励和自主权的强有力组合做到了这一点。TCI 有一个积极的员工持股计划，该计划匹配员工对公司做出的贡献，并且公司内部所有级别的员工都能参与。许多早期员工，据说包括马隆的长期秘书，都成了百万富翁。这种文化培养了高度的员工忠诚度，在马隆掌舵的前 16 年里，没有一位高级主管离开公司。

TCI 的运营奉行高度的去中心化，直到 1995 年斯帕克曼退休时，公司总部只有 17 名员工，同时却拥有 1 200 万个用户。正如马隆以特有的直率所言：“我们不相信中间管理人员，他们都是事后诸葛亮。”公司没有人力资源主管，直到 20 世纪 80 年代末才聘用了一名公关人员。莱博维茨将 TCI 的文化描述为一群崇尚节俭、注重行动的“西部牛仔”，说到那些经营其他大型有线电视公司的美国东部企业家，他们保守和官僚的作风都是 TCI 人所不能容忍的。

不断追求极致

马隆为快速增长的资本密集型企业打造了一个有效的资本配置模型，它为诸如移动电话、档案管理和通信塔等不同行业的高管们所仿效。本书中的局外人 CEO 中，和他最像的另一位是顶级数学家辛格尔顿博士。对数学家来说，当变量趋于极限时，往往会出现洞见，马隆也认同这一点。TCI 的特点就是不断追求极致。论有线电视行业的公司，它是最大的；论节目成本，它是最低的；论设备维护费用，它是最少的；论公司结构，它是最复杂的；论回报，它无疑是最高的。

马隆对 TCI 的管理特质是一种苦行僧式的。从追求规模到最小化税负，再到积极利用财务杠杆，公司战略的每一个要素都旨在优化股东回报。很多人在研究是什么方法驱动着 TCI 的发展，马隆总结道："至少，无论如何……我们还没有摒弃算术法则。"马隆的股东们对此将永远心存感激。

The

Eight Unconventional CEOs and Their Radically Rational Blueprint for Success

特质 5

勇于逆向而行
凯瑟琳·格雷厄姆和《华盛顿邮报》

Outsiders

The Outsiders

- 她是“美国报业第一夫人”“世界上最有权势的女人之一”。在凯瑟琳的领导下，公司股东在 22 年中获得了 89 倍的惊人收益。

- 通过回购 40% 的流通股，她是为其股东增加了巨额财富。在麦肯锡专家的建议下，公司停止收购，而其子唐纳德估计，麦肯锡的建议让公司股东少赚了数亿美元。

她是

凯瑟琳 · 格雷厄姆

KATHARINE GRAHAM

戴维·斯文森
(David Swensen)
耶鲁大学投资基金
首席投资官

不因循守旧需要打破常规……但是在世俗智慧的眼中，它们却经常变成彻头彻尾的无厘头。

凯瑟琳成为《华盛顿邮报》董事长兼 CEO 的道路极不寻常。凯瑟琳是著名金融家兼《华盛顿邮报》公司的老板尤金·迈耶（Eugene Meyer）的女儿，在一个有仆人、寄宿学校、乡村别墅和国际旅行的优越环境中长大。1940 年，凯瑟琳嫁给了菲利普·格雷厄姆（Philip Graham）。菲利普是一位从哈佛毕业的杰出律师，同时也是美国最高法院大法官费利克斯·弗兰克福特（Felix Frankfurter）的助理。1946 年，迈耶任命菲利普管理公司，其间菲利普在经营公司的过程中不时展露出才华，直到他 1963 年自杀身亡。在菲利普去世后，凯瑟琳发现自己被意外地推上了 CEO 的位置。

不用说，凯瑟琳对接手这个职位毫无准备。凯瑟琳当时 46 岁，是 4 个孩子的母亲，差不多 20 年前从第一个孩子出生后，就没有朝九晚五地上过班。在菲利普去世后，凯瑟琳突然发现自己成为《财富》500 强公司 CEO 里唯一的女性，天性腼腆的她被吓坏了。凯瑟琳的故事奇异非凡，但也已经家喻户晓，迄今为止最好的版本是凯瑟琳的自传。凯瑟琳的自传

《我的一生略小于美国现代史》（*Personal History*）于 1997 年出版，曾获得普利策奖。

相比之下，凯瑟琳为股东所做的一切却鲜为人知。从 1971 年《华盛顿邮报》公司首次公开募股到 1993 年凯瑟琳卸任董事长，股东的年复合回报率高达 22.3%，令标准普尔 500 指数（7.4%）和同行公司（12.4%）相形见绌。公司首次公开募股时投资的 1 美元，到凯瑟琳退休时价值 89 美元，而同样的 1 美元投资标准普尔 500 指数和其他同行分别得到 5 美元和 14 美元。如图 5-1 所示，凯瑟琳超越标准普尔 500 指数 18 倍，是同行的 6 倍以上。在这 22 年的时间里，凯瑟琳以绝对优势位列全美最佳报业高管。

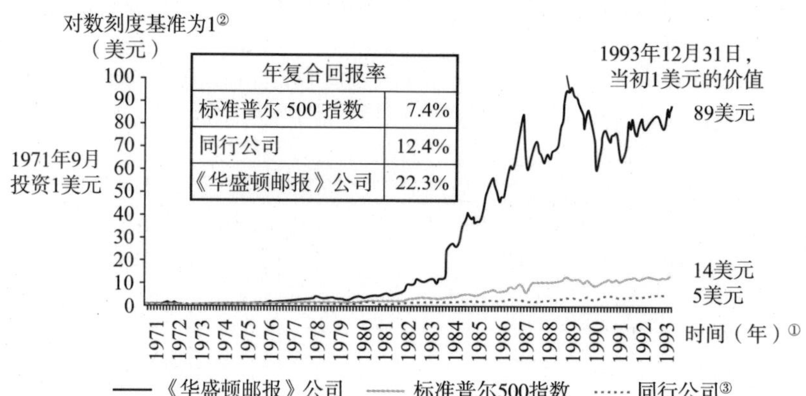

注：① 出于制图的考虑，假定凯瑟琳的任期从 1971 年《华盛顿邮报》公司上市时开始，而不是 1963 年。

② 包括股票分拆和股票分红。

③ 同行公司包括甘尼特公司（Gannett Co.）、奈特・里德公司、美国媒介综合集团（Media General）、纽约时报和时代镜报公司（Times Mirror），基于各公司股票市值的加权平均值。

图 5-1　凯瑟琳执掌公司期间，《华盛顿邮报》股东的总回报

资料来源：证券价格研究中心。

耐心的价值，“不为”才是管理者的最大考验

1963 年 9 月 20 日，在凯瑟琳的挚友肯尼迪总统遇刺前两个月，她就任《华盛顿邮报》公司总裁。这家公司曾在菲利普领导下发展迅速，并拥有一系列媒体行业的资产，包括日益增长的华盛顿市场中的 3 家报纸之一《华盛顿邮报》、《新闻周刊》杂志以及佛罗里达州和得克萨斯州的 3 家电视台。

在接下来的几年里，凯瑟琳花时间适应新岗位，并熟悉公司、董事会和管理团队。1967 年，当凯瑟琳首次做出重大的人事决定时，人们才感觉到她的存在，凯瑟琳启用《新闻周刊》时年 44 岁、性情急躁、经验稍显不足的助理总编本·布拉德利（Ben Bradlee）取代了长期担任《华盛顿邮报》主编的拉斯·威金斯（Russ Wiggins）。

1971 年，在董事会的建议下，凯瑟琳批准了公司的上市决议，以期为收购筹集资金。在新股发行的那周，《华盛顿邮报》公司卷入了五角大楼文件危机。这份文件是五角大楼内部对越南战争做出的极具争议且负面的评估报告，法院此前已经禁止《纽约时报》刊登这份文件。对《华盛顿邮报》公司来说，这是机遇更是挑战。尼克松政府担心反战宣传会激起新的浪潮，威胁说《华盛顿邮报》如果刊登这一报告，其广播电视执业许可证就可能被吊销。如果广播电视执业许可证被吊销，新股认购就会被终结，并威胁到公司一个主要的盈利点。面对公司法务部门含混不清的建议，凯瑟琳孤立无援，不得不独自做出决定。凯瑟琳下令按计划行事并刊登这篇报道，由此奠定了《华盛顿邮报》在全行业的美誉。最终尼克松政府没有吊销其广播电视执业许可证，股票认购也取得成功，共募集到 1 600 万美元。

1972 年，《华盛顿邮报》公司在凯瑟琳的全力支持下，开始对共和党总统竞选中的不端行为展开深入调查，最终导致水门事件的爆发。布拉德利和两位年轻的调查记者卡尔·伯恩斯坦（Carl Bernstein）和鲍勃·伍德沃德（Bob Woodward）率先报道了这一惊人丑闻，最终导致尼克松总统于 1974 年夏天辞职。这场由新闻业掀起的政变为《华盛顿邮报》赢得了普利策奖（布拉德利担任编辑期间获得的 18 次普利策奖之一），使其成为唯一可以和《纽约时报》比肩的媒体。尼克松政府的咆哮和威胁在整个水门事件中持续不断，凯瑟琳坚决不予理睬。

凯瑟琳用公开募集的一部分资金收购了总部位于新泽西州的《特伦顿时报》（*Trenton Times*），这次收购后来被证明成绩平平。与《特伦顿时报》激烈竞争、一决雌雄的是另一家晚报《泰晤士报》，它们为了生存而竭尽全力。凯瑟琳从这段经历中吸取了宝贵的教训，在未来的收购中更加小心谨慎。

1974 年，一位名不见经传的投资者开始不断购入《华盛顿邮报》公司的股票，最终购买了总股份的 13%。凯瑟琳不顾董事会的建议，会见了这位新人巴菲特，并邀请他加入董事会。巴菲特很快成为凯瑟琳的商业导师，并帮助她领导公司走上了一条非凡之路。

1975 年，《华盛顿邮报》公司面临由强大的印刷工人工会领导的大规模罢工，他们放火烧毁了印刷厂并宣布罢工开始。与巴菲特和其他董事会成员协商后，凯瑟琳决定抵制罢工。仅仅错过了一天的出版时间，她就和布拉德利以及她 27 岁的儿子唐纳德组织起骨干成员继续生产，他们连续发行报纸长达 139 天，直到印刷工会最终同意做出重大让步。

这次罢工对所有参与的人来说都是一次痛苦的经历。有一次，一名工会纠察队成员穿着一件衬衫，上面写着“菲利普误杀了格雷厄姆”[①]。但这些让步妥协却极大地提高了《华盛顿邮报》的盈利能力，也意味着整个行业的转折点：一家大都市的报社粉碎了一次罢工，这绝对是第一次。对凯瑟琳而言，就像水门事件对公司业务的影响，此次罢工也成为她个人的转折点。从此往后，再也无人质疑谁才是《华盛顿邮报》公司的当家人。

在巴菲特的指导下，凯瑟琳做出了另一个非常规的决定，她开始大举购买自己公司的股票。除了亨利·辛格尔顿和汤姆·墨菲，当时很少有人能有如此胆识和远见。在接下来的几年里，凯瑟琳以最低价回购了公司近40%的股份。值得注意的是，其他主要报业公司的同行中没有一家效仿凯瑟琳的做法。

1981年发生了两起重大事件。首先，《华盛顿邮报》的长期竞争对手《华盛顿星报》（*Washington Star*）在发行量多年下滑后最终停刊。这使得经过罢工洗礼、成本结构精简的《华盛顿邮报》垄断了美国首都的日报发行市场，发行量和盈利能力大幅增长，并持续了整整10年。

第二起事件更为重要。在20世纪70年代，经过4次尝试，凯瑟琳终于找到了一位强有力的COO迪克·西蒙斯（Dick Simmons）。西蒙斯曾是另一家多元化媒体公司邓白氏（Dun & Bradstreet）的COO。西蒙斯就任《华盛顿邮报》公司的COO后，立即理顺了公司的运营部门，而此前

---

① 这里的意思是罢工者十分讨厌凯瑟琳，只希望菲利普当初朝她开枪而不是自己。——译者注

这些部门的利润率低于同行。西蒙斯的到来开启了报社盈利能力大幅提升的时代，而且在局外人 CEO 们的成功中，进一步凸显了那些强大的运营副手所起的关键作用。

在凯瑟琳的支持下，西蒙斯引进新的管理人才，他剥离了《特伦顿时报》，改变薪酬结构以提升奖金的权重，并保持领先于同行的强劲表现。几年内，《华盛顿邮报》公司报纸和电视业务的利润率几乎翻了一番，盈利能力飙升。

20 世纪 80 年代报刊行业的并购交易达到新的历史高度。随着公司利润和市盈率倍数的急剧上升，并购价格如火箭般直插云霄。在各大报业公司高管中，只有凯瑟琳一人置身事外。《华盛顿邮报》公司密切关注了包括艾奥瓦州、得克萨斯州和肯塔基州大型报业公司在内的多起交易，但只进行了两次收购，而且规模都很小。必须认识到，在 20 世纪 80 年代中后期炙热的并购气氛中，这种克制是多么难能可贵。这是一段孤独的旅程，凯瑟琳的独善其身招来了同行和媒体的大量非议。在这个掌控着舆论、实行俱乐部制度并由男性主导的行业中，作为唯一的女性高管，凯瑟琳几乎无立身之所。

大出击，市场低潮往往意味着巨大机会

更为重要的是，在凯瑟琳的领导下，《华盛顿邮报》大部分的并购将其引入了与报纸或广播业无关的新领域。1983 年，在西蒙斯的一位新雇员、前管理顾问艾伦·斯普恩（Alan Spoon）进行广泛调研的基础上，《华盛顿邮报》公司成功进军移动电话业务，以 2 900 万美元买下了包括底特

律、华盛顿和迈阿密在内的 6 个大都市市场的特许经营权。1984 年，凯瑟琳收购了斯坦利·卡普兰公司（Stanley Kaplan）的考前辅导业务，在教育市场站稳了脚跟。最终，在 1986 年，由于巴菲特的及时引荐，凯瑟琳进行了她有史以来最大的一笔收购：以 3.5 亿美元收购了大都会通信公司的有线电视业务资产。接下来的几年中，对《华盛顿邮报》公司来说，以上每一笔收购都将被证明是至关重要的。

1988 年初，随着移动电话业务价值的飞涨，凯瑟琳开始意识到扩展移动电话系统需要巨额的资本支出。于是凯瑟琳进行了一次罕见的资产剥离，决定以 1.97 亿美元的价格出售公司电话业务的资产，这为其带来了非凡的投资回报。

在 20 世纪 90 年代初的经济衰退期，当那些同行因为过度负债而被迫抛售副业时，《华盛顿邮报》公司却一反常态开始了收购。利用极端下跌的价格，凯瑟琳不失时机地买入有线电视网络、表现不佳的电视台以及一些教育业务。

1993 年，当凯瑟琳辞去公司董事长时，《华盛顿邮报》公司无疑是报业同行中经营最为多元化的公司，它几乎一半的营收和利润都来自非印刷业务。这种多元化经营，为公司未来在凯瑟琳的儿子唐纳德的领导下再创辉煌奠定了坚实的基础。

凯瑟琳在安排接班人方面做得很出色，这在家族企业里并不多见。从 20 世纪 80 年代末到 90 年代初，凯瑟琳一直在为公司的下一代领导人接班做准备，他们包括：唐纳德，他在 1991 年接替凯瑟琳担任 CEO；斯普恩，1991 年接替他的导师西蒙斯担任首席运营官。随着凯瑟琳在 76 岁时辞职，那些成为经理人的青年才俊也将在公司日益重要的部门担任领导角色，包括由汤姆·迈特（Tom Might）负责的有线电视部门及由乔纳森·格雷尔（Jonathan Grayer）负责的教育部门。他们的专业学识和领导能力也为《华盛顿邮报》公司在接下来的 15 年里取得远超同行的优异业绩奠定了基础。

The Outsiders

凯瑟琳·格雷厄姆的方法

在巴菲特的指导下，凯瑟琳证明了自己是效率很高但绝非正统的资本配置者。在这一重要领域中，凯瑟琳的做法有如下特点：分红和负债方面行业排名靠后，股票回购方面行业排名靠前；相对来说，并购较少，对待资本支出十分谨慎。现在我们对以上特点逐一分析，首先从公司的资金来源开始。

在凯瑟琳的任期内，《华盛顿邮报》产生了持续强劲的现金流，盈利能力在整个20世纪80年代大幅提高，这得益于报纸收入在《华盛顿星报》倒闭后猛增，以及西蒙斯提升了所有运营部门的利润率。除了这一波现金流，《华盛顿邮报》偶尔也会通过另外两个渠道来获得资金：债务杠杆和出售资产。

凯瑟琳通常对使用债务杠杆持谨慎态度，在她的任期内，《华盛顿邮报》不仅始终拥有着同行中最保守的资产负债表，而且借入巨额资金的次数屈指可数。其中，最大的一笔借债是 1986 年为了买下大都会通信公司的有线电视网络。不过，《华盛顿邮报》强劲的现金流使得这笔债务的大部分款项在不到 3 年的时间内就还清了。

在凯瑟琳的领导下，就像巴菲特的伯克希尔－哈撒韦公司一样，《华盛顿邮报》很少出售其运营业务，也主动避免公司分拆，它更倾向于拥有长期直接所有权的模式。唯一一次重大例外是 1988 年初，《华盛顿邮报》决定出售移动电话业务的资产，由此得到了非凡的投资回报。

极度谨慎，严守准则

对现金的配置，凯瑟琳非常谨慎。由于认识到分红就要纳税从而导致资金效率低下，所以在整个任期内，凯瑟琳一直保持着最低水平的分红。同样值得强调的是，这种方法可谓“冒天下之大不韪”，特别是在报业领域，创始人家族通常高度控股，一些家族成员就依靠分红作为收入。在凯瑟琳的领导下，《华盛顿邮报》的分红水平一直是行业最低，但也因此拥有行业最高的留存收益。

凯瑟琳配置收益资金的方法受到了西蒙斯、巴菲特和大都会通信公司高管丹·伯克的影响。所有资本支出的决定都要遵循严格的审批程序，支出的资本必须带来有吸引力的投资回报。正如斯普恩总结的那样：“严格的审批流程将资金配置原则提升到一个新的高度，所有多余的现金都汇给了总公司，经理人必须为所有资本支出项目给出充分的理由。其中的关键问题是：下一美元最好用在哪儿？在回答这个问题时，公司态度严谨而又审慎。”[1]

谨慎配置资金原则使凯瑟琳对实体工厂的投资采取了比同行更为谨慎的态度。在 20 世纪 80 年代，为了缩短交货期并实现彩色印刷，其他大型报业公司花费数亿美元安装了新的印前和印刷设备。凯瑟琳在各大报业的CEO中独树一帜，她“抱残守缺”，最终在主要出版商中，《华盛顿邮报》

成为最后一家依赖老式凸版印刷设备的公司。各种成本下降之前，凯瑟琳一直推迟对新工厂的巨额投资，其经济效益得到了同行的明确认可。

凯瑟琳的收购方法具有双重主题：耐心和多元化。凯瑟琳开始掌舵《华盛顿邮报》的那几年，从首次公开募股开始，传媒公司的盈利和市盈率普遍上升，但为其后两次严重的熊市所打断：一次是在 20 世纪 70 年代中期，另一次是在 90 年代初。换句话说，媒体资产的价值在凯瑟琳任职期间有着大幅的波动。在翻滚的潮流中，凯瑟琳证明了自己是一位精明的领航者。

和宏观的经济图景相比，凯瑟琳的活动如同镜像世界，即所谓“人弃我取”。职业生涯开始和结束时正逢两次大熊市，凯瑟琳也分别在这两个重要时期完成了股票回购和公司收购，而其职业生涯的大多数时间则奉行“无为而治”。

在董事会，凯瑟琳对所有的交易预案都进行了严格的分析测试。汤姆·迈特对此总结道：“在无杠杆的情况下，所有的收购需要在 10 年的持有期内每年获得至少 11% 的现金回报。”同样，这个看似简单的测试被证明是一个非常有效的筛选器。迈特还说：“极少有交易通过这个筛选器。公司的整体收购风格就是：等风来，再借东风。”[2]

我们看到的是，在 80 年代的收购狂潮中，面对大大小小为数众多的报业并购机会，凯瑟琳通常选择置身事外。凯瑟琳的儿子唐纳德曾经说过：“那些没有进行的交易其实非常重要，否则，昨天的另一家大型报业公司就是今天卡住我们脖子的船锚。”[3] 在接下来的 10 年中，《华盛顿邮报》唯一的报业投资只是收购了考尔斯传媒（Cowles Media）的少数股权，考尔斯传媒是《明尼阿波利斯明星论坛报》(*Minneapolis Star Tribune*)和几家小型日报的发行商。基于凯瑟琳和考尔斯家族之间的长期关系，这笔交易是在一次拍卖会的场外以低价转让的方式来完成的。

在对“一美元”原则的贯彻中，巴菲特发挥了关键作用，他仿佛凯瑟琳资本配置法院里的上诉法官，帮助凯瑟琳权衡所有涉及资本投资的重大决策，尤其是在并购事务上。然而，巴菲特的风格并不是直接插手，根据资深董事会成员、顶级律师事务所克拉瓦斯斯韦恩（Cravath, Swaine）的合伙人乔治・吉莱斯皮（George Gillespie）所说的：“他从来不会说‘别那样做’，而会婉转地表达：‘出于这些理由，我可能不会那样做，但我会支持你的任何决定。’”[4] 巴菲特话虽如此，但是他给出的理由总令人信服，并鼓励凯瑟琳在资本配置方面保持克制。

在凯瑟琳的主导下，《华盛顿邮报》公司的大部分收购引领公司进入了与报纸或广播无关的新业务领域，这些领域的竞争不那么激烈，估值也更为合理。在这些多元化的收购中，最重要的是收购斯坦利・卡普兰公司的考前辅导业务以及 1986 年对大都会通信公司的大型收购，前者让公司在教育市场站稳脚跟，后者为公司进入高速增长的有线电视业务领域提供了切入点。

《华盛顿邮报》公司与大都会通信公司的这笔有线电视业务交易不仅规模庞大，而且时机恰到好处，就像与考尔斯传媒的交易一样，它们揭示了凯瑟琳严守准则的收购之法。在大都会通信公司收购美国广播公司之后，美国联邦通信委员会责令其必须剥离有线电视业务。获知消息的巴菲特遂安排《华盛顿邮报》独家报道了这笔交易。凯瑟琳意识到这是一个潜力巨大、外人难得的机会。经过一个周末疯狂的准备，凯瑟琳和她的团队同意以每名用户 1 000 美元的低价收购该业务。更为重要的是，没有投资银行家参与其中。

不失时机的收购

在 20 世纪 90 年代早期的经济衰退期，凯瑟琳一反常态地大举买入行为也颇具深意。凭借异常强劲的资产负债表，在同行们由于杠杆过高而被迫离场观望时，凯瑟琳却成为积极的买家。得益于极度下跌的价格,《华盛顿邮报》不失时机地收购了一系列乡村有线电视网络、得克萨斯州几家表现不佳的电视台以及一些教育业务。所有这些收购，事后都被证明对股东有极大的好处。

如我们所见，股票回购是凯瑟琳另一个主要的资本配置渠道。巴菲特对股票回购原理曾有过令人信服的解释。一旦时机成熟，凯瑟琳就启动回购计划，并尽力推行下去。通过购买大量股票最终几乎达到 40%，为股东增加了巨大的价值，这些股票大部分是在 20 世纪 70 年代和 80 年代初在市盈率保持个位数时回购的。

正如东南资产管理公司（Southeast Asset Management）的专业投资者罗斯·格洛茨巴赫（Ross Glotzbach）所说："并非所有的回购都一样，它们的区别在于，凯瑟琳买入的量大并且时机合适。"[5] 如图 5-2 所示，凯瑟琳是报业高管中唯一积极回购公司股票的人，为此，她必须克服董事会最初的巨大阻力。正如吉莱斯皮所说："在那些日子里，回购股票的公司绝对是异类。"[6] 巴菲特原本持有《华盛顿邮报》13% 的股份，但从未卖出过一股。由于回购，2011 年时，巴菲特拥有《华盛顿邮报》超过 22% 的股份。

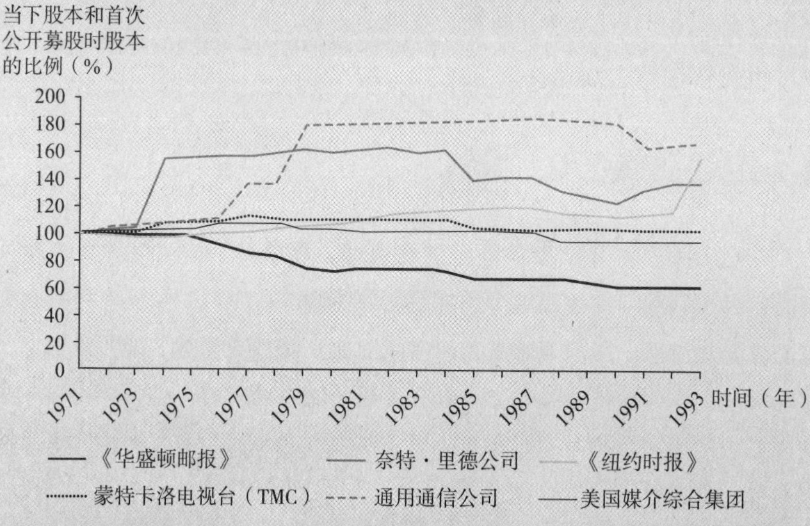

图 5-2 《华盛顿邮报》是其同行集团中唯一大比例回购（38.5%）已发行股份的公司

资料来源：证券价格研究中心。

具有讽刺意味的是，20 世纪 80 年代初，管理咨询公司麦肯锡建议《华盛顿邮报》停止股票回购计划。凯瑟琳在两年多一点的时间里听从了其建议，后来在巴菲特的帮助下恢复了理智，并于 1984 年重启了回购计划。据凯瑟琳的儿子唐纳德估计，麦肯锡的"智慧"策略让《华盛顿邮报》的股东损失了数亿美元，他称之为"有史以来最昂贵的咨询"。

独特的识人能力

让我们从更广泛的角度去看待资源配置的问题。凯瑟琳拥有一项标志性的管理特质，即独特的识人能力，她能够识别和吸引人才加入她的公司或董事会。虽然看起来冷漠清高，但凯瑟琳有识人天赋，正如斯普恩对我所说："凯瑟琳是一个完美的'召集人'。"[7] 凯瑟琳选择的这些人显然非同小可，其中一些人已经是功成名就的典范，包括美国国防部前部长罗伯特·麦克纳马拉等董事，以及克拉瓦斯斯韦恩律师事务所的一批律师。这其中有两位最为突出。

首先，在 1967 年，凯瑟琳聘请了本·布拉德利，让这位年轻且相对而言没什么名气的《新闻周刊》助理总编接替了长期担任《华盛顿邮报》主编的拉斯·威金斯。这个决定太不可思议了！一家报业公司的负责人做出的最重要的人事决定，可能就是选择一名对报纸内容和基调全权负责的总编。凯瑟琳得出结论，她需要一位更年轻的总编，一位更能适应 20 世纪 60 年代末迅速变迁的政治格局和文化的总编。当凯瑟琳第一次在午餐时向一本正经的布拉德利提及这个想法时，布拉德利的回答堪称经典："我愿意把余生献给这份工作。"布拉德利之前没有报纸管理经验，他和杰出的、有教授风范的威金斯有着天壤之别。

然而，布拉德利证明了自己是一个行事果断且直觉敏锐的总编，他用独家新闻带领《华盛顿邮报》度过了 70 年代的辉煌和动荡，独家新闻也成为吸引年轻的、顶尖新闻才俊加入报社的磁石。随着人才的涌入，加上第一次引入美式风格的版面等诸多创新，70 年代到 80 年代的《华盛顿邮报》发行量持续上升，成为公司利润增长的关键引擎。

凯瑟琳的第二个用人决策发生在 1974 年熊市最低迷的时期，当时一位名不见经传的投资人累计买入《华盛顿邮报》公司大量的股票，引起了公司上下广泛的焦虑，董事会尤其怀疑这位新人和他买入股票的意图。凯瑟琳承袭的董事会由当地富有经验的商人及其丈夫菲利普的亲信所组成，尽管她在新闻事务上越来越自信，但仍然要经常听命于董事会对商业事务的判断和建议。

但是这一次，凯瑟琳独自一人决定与这名新人进行会面。值得称赞的是，凯瑟琳立刻意识到了这名新人的独特才能，并不顾董事会的建议，邀请他加入董事会，从而确保他成为生意上的重要密友和导师。凯瑟琳对这名新人只有一点要求："要绅士，不要辜负我的信任。"[8]

当时，欢迎巴菲特加入董事会的决定是力排众议和不同寻常的决定。20 世纪 70 年代中期，几乎没人知道巴菲特是谁。再强调一次，对任何一位高管来说，导师的选择都是至关重要的决定，而凯瑟琳的选择既不落俗套又出类拔萃。正如凯瑟琳的儿子唐纳德所言："提拔这个默默无闻却又天赋异禀的家伙，是母亲做过的最好的但也是相对不太受欢迎的举措之一。"

第三次人事决策偏向传统，但同样重要，凯瑟琳于 1981 年聘用了西蒙斯。鉴于凯瑟琳缺乏运营经验，首席运营官职位的人选就是一个特别关键和困难的问题。凯瑟琳花了很长时间去寻觅合适人选。在进行人事变更时，凯瑟琳坚决果断不拖泥带水，找到西蒙斯之前，在整个 20 世纪 70 年代她就解雇了 4 名首席运营官。西蒙斯在接手首席运营官后的 10 年里，着手大幅收紧运营，并提高报纸和广播部门的利润率。

西蒙斯和凯瑟琳一样倾向于去中心化的管理。在凯瑟琳的支持下，西蒙斯几乎没有浪费时间，就把合适的人员安排在运营部门的关键岗位上。西蒙斯还赋予经理人很大的自主权，并将他们的薪酬与绩效挂钩。

《华盛顿邮报》一直有去中心化和总部员工精简化的历史传统，这可以追溯到尤金·迈耶和菲利普时期，他们二人对自己的判断都非常自信，觉得没有必要让自己身边环绕着大群顾问。在凯瑟琳和西蒙斯的领导下，这种趋势变得更加专业化和越发明显。凯瑟琳努力找出最优秀的人选，然后非常放心地交给他们独自打理。在巴菲特和丹·伯克的影响下，凯瑟琳的儿子唐纳德继承并发扬了母亲对去中心化一贯的重视。唐纳德告诉我："我相信，今天的《华盛顿邮报》是全美管理权最为分散的企业之一。"

曾经目睹了父亲把《华盛顿邮报》的日常管理交给年仅 31 岁的丈夫菲利普，凯瑟琳也就不再惧怕把责任交给那些朝气蓬勃、前途可期的经理人。后来出色地管理着公司有线电视业务的迈特，在负责管理公司有史以来最大的资本项目时年仅 30 岁。该项目是在弗吉尼亚州斯普林菲尔德（Springfield）建造一个新印刷厂，迈特用低于预算 30% 的支出完成了项目。斯普恩被任命为公司首席运营官时 39 岁，乔纳森·格雷尔被任命为教育部门 CEO 时年仅 29 岁，而唐纳德被任命为《华盛顿邮报》出版部门的负责人时也只有 33 岁。

乐于做出有争议、非常规的决策

尽管取得了成功，但是在担任 CEO 近 30 年的任期内，凯瑟琳偶尔也会受到自我怀疑的困扰。幸运的是，凯瑟琳意志坚强、性格独立，并且敢于做出那些有争议的、非常规的决策，比如拒绝顽固的罢工者的要求，或是拒绝屈从于尼克松政府的一再威胁，抑或是当其他报业高管质疑她沉迷于股票回购却在收购上畏首畏尾时，她都置之不理。最后，这位初出茅庐的 CEO 以她那不凡的风格和气派，成就了足以令同行羡慕的新闻和金融传奇。布拉德利带着怅然若失[①]的微笑对我说："凯瑟琳是那么有趣！"[9]

---

① 作者 2009 年和布拉德利对话时，凯瑟琳已经去世。——译者注

两家公司的故事

在过去的 20 年里，很难找到一个行业像报刊业那样迅速地从宠儿变为弃儿。报刊业曾经是巴菲特心中坚不可摧的、拥有“宽阔护城河”的企业典范，在本土广告市场中拥有无可撼动的竞争优势。但这个行业长期以来一直处于衰退之中，面对诸如谷歌等互联网广告参与者带来的新一轮竞争，最大的报社也难以保持盈利。在过去的几年中，几家大型连锁报业公司宣布破产，该行业的股价也反映了这种长期、剧烈的下跌，过去 8 年下跌超过 60%。

即使在唐纳德的领导下，《华盛顿邮报》也未能幸免于这些行业的逆流影响。不过，由于非出版业务总体表现强劲，《华盛顿邮报》的表现仍然成功超越同行，同期市值仅缩水 40%。

历史再次证明，CEO 们只能根据手里的牌来见机行事。作为大型报业公司 CEO 的唐纳德拿到了一副烂牌，尽管多亏了他的母亲凯瑟琳在多元化方面的努力，这副手牌明显好于他的同行。不过，对于这副烂牌，唐纳德却打出了远远超越同行的水平，这得益于他对母亲管理方法的坚守：有选择地进行收购，积极地不失时机地回购股票，包括 2009—2011 年已发行股票的 20%，以及保持相对较低的分红水平。

相比之下，同一时期，另一家知名的、公开上市的东北部报业公司，由苏兹伯格家族（Sulzbergers）控制的《纽约时报》却高价收购了一家互联网门户网站，又在曼哈顿中心建造了一座精致的公司新总部大楼……然后，它的市值下跌了 90%。

The

Eight
Unconventional CEOs
and Their Radically Rational
Blueprint for Success

特质 6

数据思维制胜
比尔·斯蒂利茨
和罗尔斯顿·普瑞纳公司

Outsiders

The Outsiders

- 他是靠玩扑克牌攒够大学学费的数据狂人，是“化腐朽为神奇”的品牌猎手。

- “计算赔率”是他心中永远的行为罗盘。在掌权的 19 年时间中，他为罗尔斯顿 · 普瑞纳公司股东创造了 57 倍的收益。

- 2001 年，雀巢公司同意为罗尔斯顿 · 普瑞纳公司支付创纪录的价格，104 亿美元，相当于现金流的 14 倍。

他是

比尔 · 斯蒂利茨

BILL STIRITZ

沃伦·巴菲特　如果你发现自己身处一条老旧的破船上，那么更有成效的做法是换一条船，而不是花精力去补漏。

在过去 50 年的大部分时间里，包括金宝汤、亨氏和家乐氏在内的家喻户晓的大型包装商品公司，因其兼具增长可预期、抗经济衰退和分红可靠等诱人特征，而被认为是蓝筹股中的蓝筹股。这些公司长期以来一直是财务保守主义的楷模，几乎不使用杠杆，稳定地支付股息，同时很少回购股票。在 20 世纪 60 年代和 70 年代，为了追求不切实际的协同效应，它们中的大多数公司追随时尚，积极进行多元化经营，许多公司最终进入了餐饮和农产品行业，以寻求“垂直整合”那莫须有的好处。

罗尔斯顿·普瑞纳公司在这个群体中堪称典型。80 年代初，罗尔斯顿·普瑞纳公司曾名列《财富》100 强，在农产品饲料领域有着悠久的历史。70 年代，在 CEO 哈尔·迪安（Hal Dean）的领导下，该公司走的是与同行一样的道路，利用传统饲料业务提供的巨额现金流从事多元化项目，这让公司的运营部门变成了一锅大杂烩：从蘑菇农场、大豆农场到 Jack in the Box 的快餐连锁店，从圣路易斯蓝调曲棍球队（Blues Hockey Team）到科罗拉多州的基斯通滑雪度假村（Keystone）。当迪安在 1980 年宣布退休时，罗尔斯顿·普瑞纳公司的股价已经原地踏步了 10 年。

在迪安宣布消息后，罗尔斯顿·普瑞纳公司董事会为了找到迪安的接班人展开了全面的搜寻，候选者包括公司内部和外部的一大批人。随着遴选工作的展开，候选名单上出现了全美的一些顶尖人才，包括后来担任哥伦比亚广播公司 CEO 的汤姆·怀曼（Tom Wyman）。在这个过程接近尾声的时候，一位不太知名的候选人主动向董事会提交了一份备忘录，详细阐述了对公司的战略构想。这位候选人只是公司的一位老员工，甚至在内部候选人中都排名靠后，但是这一举动却成为他极大的加分项。玛丽·韦尔斯·劳伦斯（Mary Wells Lawrence）当时在董事会内颇具影响力，她还是韦尔斯－里奇－格林（Wells，Rich，Greene）广告公司的创始人，读完备忘录后她回电 4 个字“直击要害”。几天之后，候选人斯蒂利茨就得到了这份工作。

数据狂人，分析力就是领导力

斯蒂利茨的职业轨迹与本书中其他局外人 CEO 不同。斯蒂利茨是个内行，在 47 岁成为 CEO 之前，他已经在罗尔斯顿·普瑞纳公司工作了 17 年。然而，这种看似中规中矩的背景，掩盖了斯蒂利茨内心对于独立思考的强烈渴求，尽管谁都觉得不太可能，但他就是成了一个高效的改革推动者。当斯蒂利茨就任 CEO 时，无人能预见他将在罗尔斯顿·普瑞纳公司实现根本性的转变，也无人能预见他会对食品和包装制品行业同行产生更广泛的影响。

作为一名 CEO，斯蒂利茨有着不同寻常的教育背景。他本科阶段有过休学的经历，在阿肯色大学只上了一年就由于囊中羞涩不得不离开学校去海军服役。在海军服役的 4 年里，斯蒂利茨苦练扑克技艺，凭着精湛的技能最终凑足了学费。服役期满，斯蒂利茨回归校园，在美国西北大学主修商科并获得学士学位。斯蒂利茨从来没上过 MBA，尽管同事和华尔街分析师反复给他贴上“理工男”的标签，但他 35 岁从圣路易斯大学获得的却是欧洲历史学硕士。

从美国西北大学毕业后，斯蒂利茨曾在美国品食乐食品公司（Pillsbury Company）工作，最初是一名店面理货员，主要负责密歇根州北部商店里公司谷类产品的货架陈列，其中一个最大的客户位于印第安人自治区。斯蒂利茨认为，这种一线的“草根”经验对于帮助他理解分销渠道的细节至关重要。随后，斯蒂利茨被提升为产品经理，这个岗位使他对快消品营销有了更深入的了解。两年后，为了更好地理解媒体和广告，斯蒂利茨离职并加入了位于圣路易斯的加德纳广告公司（Gardner Adrertising）。在加德纳广告公司，斯蒂利茨很快就对营销量化产生了兴趣，并成为新兴的尼尔森评级服务（Nielsen Ratings Service）的首批用户。这些都有助于斯蒂利茨深刻领会市场份额与促销费用之间的关系。

1964 年，30 岁的斯蒂利茨加入了罗尔斯顿·普瑞纳公司，并被分配到杂货产品部门，负责宠物食品和谷类食品的销售工作。在罗尔斯顿·普瑞纳公司庞大的业务体系中，杂货产品部门历来被认为是“后妈生的”而备受冷落。斯蒂利茨在那里工作了几年，职位逐渐提升，1971 年成为该部门的总经理。斯蒂利茨通过不断推出新产品以及扩展产品线使得杂货产品部门的业务量飞速增长，营业利润增长了 50 倍。

斯蒂利茨亲自策划了普瑞纳狗粮（Purina Puppy）和妙多乐猫粮（Cat Chow）的推介，由此成就了宠物食品行业历史上最成功的两款产品。作为营销人员，斯蒂利茨非常善于分析，对数字天生敏感，并敢于质疑，总是能激怒对手。这些性格特质曾在牌桌上帮过他，也会在 CEO 的岗位上继续发挥作用。

品牌大收购，超级分销撬动利润暴涨

1981 年就任 CEO 后，斯蒂利茨没有停下前进的步伐，而是在第一时间积极地重组公司。斯蒂利茨充分认识到公司拥有众多的消费品牌，其经济效益极其诱人，并迅速围绕这些业务对公司进行了重组。在斯蒂利茨眼中，这些业务提供了高利润率和低资本投入的绝佳组合。斯蒂利茨立即调整了前任制定的战略核心，第一步是对那些不符合其盈利和回报标准的业务进行主动剥离。

上任不久，斯蒂利茨就出售了快餐店 Jack in the Box、蘑菇农场和圣路易斯蓝调曲棍球队。尤其是蓝调曲棍球队的出售，让华尔街和当地商界警觉到这位新任 CEO 将采取截然不同的方式来管理罗尔斯顿 · 普瑞纳公司。

斯蒂利茨继续出售其他非核心业务，包括该公司的大豆业务、大杂烩一样的餐厅和食品服务业务，最终使罗尔斯顿 · 普瑞纳公司成为一家纯粹的品牌产品公司。在这方面，斯蒂利茨与伯克希尔－哈撒韦公司早期的巴菲特没有什么不同，当时巴菲特把资本从低回报的纺织业务中抽取出来，将其配置在回报更高的保险和媒体业务中。

20 世纪 80 年代初，斯蒂利茨克服了董事会最初的阻力，发起了一项积极的股票回购计划。在主要的品牌产品公司中，只有罗尔斯顿·普瑞纳一家在不断地进行回购。斯蒂利茨认为，回购可以产生确定无疑的回报。在余下的任期内，回购一直是斯蒂利茨资本配置计划的核心原则。

20 世纪 80 年代中期，在首轮资产剥离完成之后，斯蒂利茨进行了两次大规模收购，总金额达到罗尔斯顿·普瑞纳公司市值的 30%。两次收购主要的资金来源都是债务融资。

第一次收购为罗尔斯顿·普瑞纳稳定的品牌阵营中添加了大陆烘焙公司（Continental Baking），该公司生产 Twinkies 品牌的饼干和 Wonder 品牌的面包。斯蒂利茨从多元化综合企业集团国际电话电报公司手中收购了大陆烘焙公司。作为国际电话电报公司唯一的包装商品公司，大陆烘焙公司此前的业务一直萎靡不振。后来在罗尔斯顿·普瑞纳公司的管理下，大陆烘焙公司欣欣向荣，其分销规模得到扩大，冗余成本得到削减，新产品不断推出，现金流也大幅增长，从而为股东创造了巨大价值。

接下来的第二次收购发生在 1986 年，斯蒂利茨进行了他有史以来最大规模的收购，以相当于罗尔斯顿·普瑞纳公司市值的 20%，即 15 亿美元，收购了联合碳化物公司（Union Carbide）的劲量电池业务（Energizer）。

当时，联合碳化物公司在博帕尔灾难事件[①]的余波中苦苦挣扎。联合碳化物公司的电池业务尽管拥有强大品牌，但是长期以来被公司忽视。与国际电话电报公司一样，联合碳化物公司缺乏消费品营销的专业知识，而且急于脱手。斯蒂利茨最终在拍卖中获胜，并当机立断地付清了全款。斯蒂利茨觉得这项资产属于日益增长的双寡头垄断市场，且在前任手中运营管理不善，这二者的结合对他来说极具吸引力。

与对大陆烘焙公司所做的一样，斯蒂利茨立即着手改进劲量电池的产品和营销，包括发起著名的以同名兔子为标识的广告宣传，同时加强分销并削减冗余成本。通过上述一系列行动，斯蒂利茨完成了改造罗尔斯顿·普瑞纳公司的第一步。到了 20 世纪 80 年代末，罗尔斯顿·普瑞纳公司的营业收入中来自快消品的占比已经上升到近 90%。

这一转变对公司关键的运营指标产生了显著的影响。随着罗尔斯顿·普瑞纳公司的业务组合转向品牌产品，它的税前利润率从 9% 增长到 15%，净资产收益率从 15% 增长到 37%，翻了一番有余。如果再加上股本总数的减少，那么其每股收益和股东回报都有了惊人的增长。

在整个 80 年代，通过有选择地在剥离资产和企业收购间保持平衡，斯蒂利茨持续优化着他的品牌组合。如果不能带来令人满意的回报，该业务就会被出售或关闭。这些被剥离的资产包括：表现不佳的食品品牌，其中的范德坎普（Van de Kamp）冷冻海鲜部门是斯蒂利茨一次少有的收购败笔；公司历史遗留的农业饲料业务普瑞纳磨坊（Purina Mills），昔日辉

① 博帕尔灾难事件是指 1984 年 12 月 3 日发生在印度博帕尔市特别重大的一次工业事故，这次事故导致数千人死亡。——译者注

煌的它在当时长期回报率低，增长空间也很有限。斯蒂利茨的收购重头戏集中在电池和宠物食品的核心品牌上，特别是在那些还没有发掘国际市场的品牌。以上所有的决定都以提升股东潜在回报为导向，并且做决策之前都要进行仔细的分析。

衍生企业，非主营业务的最佳归宿

在整个 20 世纪 90 年代，为了让罗尔斯顿·普瑞纳公司的品牌组合更加合理，斯蒂利茨把握时机专注于下列行动：股票回购、偶尔的并购以及企业分拆。分拆非常重要，它是一种相对较新的公司结构化工具。斯蒂利茨开始意识到，即使公司结构相对分散，一些业务却依然没有得到公司内部或华尔街应有的关注。为了纠正这一点以及尽量减少税负，斯蒂利茨成为企业分拆的先行者。

在分拆过程中，业务部门从母公司剥离出来，成为新的公司实体。母公司股东在新公司中享有同等比例的股票所有权，并可以自行决定是持有还是卖掉这些股份。更为重要的是，分拆使得小型业务部门的价值得到凸显，部门利益和管理层激励绑定得更加紧密，同时它延缓了资本利得税的缴纳。

斯蒂利茨的分拆计划始于 1994 年，当时他将包括切克斯谷类食品（Chex）和滑雪度假村在内的一系列小品牌分拆出来，成立了新实体拉尔考普公司（Ralcorp）。该公司有着独立的董事会和两位联席 CEO，斯蒂利茨仍然出任新公司的董事长。他继续致力于让罗尔斯顿·普瑞纳公司的业务组合更加合理化，1998 年将公司包括快速增长的蛋白技术业务在内的剩余的农产品业务以创纪录的高价出售给杜邦公司，并置换成对方的股票，同时再次避免了资本利得税。

斯蒂利茨最后的一次也是截至当时最大的一笔分拆是 2000 年对劲量电池业务的分拆，劲量电池当时的企业价值相当于公司总市值的 15%。对于独立的上市公司而言，分拆举动后的表现异常出彩，其中拉尔考普公司最初只是集合了一众不被看好的资产，但其在 2012 年的企业价值已达 50 亿美元。

在千禧年的曙光中，这一系列的举动让罗尔斯顿・普瑞纳公司成为一家专注于经营宠物食品的公司，在美国同类产品市场上占据着绝对的主导地位。削减不相关的业务让那些战略并购者对公司核心的宠物食品品牌蠢蠢欲动，这一切都没有逃过斯蒂利茨的眼睛。2001 年，斯蒂利茨和雀巢公司进行了接洽。经过广泛的磋商，并由斯蒂利茨按照自己的风格亲自主持双方的洽谈会，这家瑞士的企业巨头同意为罗尔斯顿・普瑞纳公司支付创纪录的 104 亿美元，相当于罗尔斯顿・普瑞纳公司现金流的 14 倍，这太令人意外了。这桩交易成为斯蒂利茨在罗尔斯顿・普瑞纳公司任职期间的巅峰之作。

在此期间，如果说所有同行的回报为优秀，那么斯蒂利茨的数字当属卓越。在执掌公司的 19 年中，斯蒂利茨将罗尔斯顿・普瑞纳公司改造成一家高效率的包装商品公司，也推动着公司股价一路飙升。如图 6-1 所示，在斯蒂利茨出任 CEO 时向他投资 1 美元，19 年后价值 57 美元，年复合回报率为 20.0%，轻松超过了同行的 17.7% 和标准普尔 500 指数的 14.7%。

价值
（美元）
70
60
50
40
30
20
10
0
罗尔斯顿·普瑞纳公司
同行公司
标准普尔500指数
1980
1985
1990
1995
2000
时间（年）

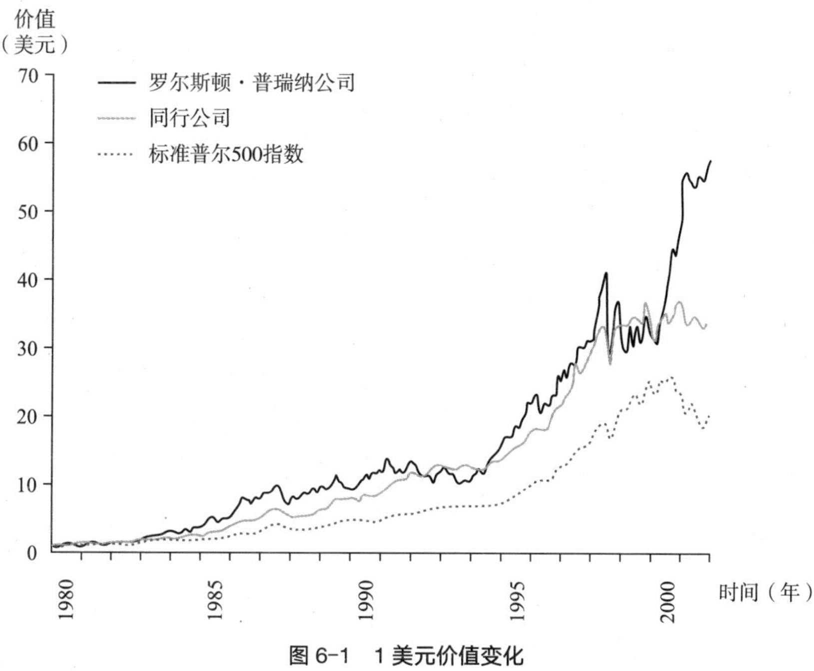

图 6-1　1 美元价值变化

The

比尔·斯蒂利茨的方法

Outsiders

迈克尔·莫布森（Michael Mauboussin）现在是美盛集团（Legg Mason）备受尊崇的投资人，而在 20 世纪 80 年代中期，他在德崇证券（Drexel Burnham）的首份研究任务就是斯蒂利茨和罗尔斯顿·普瑞纳公司。莫布森被罗尔斯顿·普瑞纳公司这位特立独行的 CEO 迷住了，在导师艾伦·格雷迪特（Alan Greditor）工作的基础上，针对罗尔斯顿·普瑞纳公司撰写了一份早期的全面研究报告。格雷迪特是少有的赢得斯蒂利茨尊敬的华尔街分析师，在其指导下，莫布森得以领会斯蒂利茨那独特的资本配置方法。

当莫布森被要求总结斯蒂利茨的与众不同之处时，他告诉我："有效的资本配置……需要一种特定的性情。要想获得成功，你必须像一个投资者那样去心平气和地思考问题，不意气用事而依概率行事。斯蒂利茨具备这种心态。"[1]

斯蒂利茨自己把资本配置比作扑克游戏，在那里，取胜的关键技能是计算赔率、洞察人性，以及在己方有压倒性胜算的时候押上重注。斯蒂利茨既是活跃的买家，也乐于出售或剥离那些他认为已经成熟或华尔街不感兴趣的业务。

正如高盛资深分析师诺米·盖兹（Nomi Ghez）向我强调的，食品行业传统上是一个利润丰厚、可预测性强的行业，但是通常维持着低速增长。在该行业上市公司的 CEO 中，只有斯蒂利茨看清了这些特点的全貌，并找到了提升股东价值的新方法。事实上，他通过一系列举措从根本上改变了行业范式：积极利用债务杠杆来实现更高的每股收益，削减盈利较少的业务，收购关联业务的企业，并积极回购股票。在实践中，他的做法暗合了那些私募股权公司的先锋所采用的技术，比如，KKR 公司在一些早期的大型杠杆收购中（LBO），把业绩不佳的包装商品公司成功地收入囊中，包括比特阿里斯食品公司（Beatrice Foods）和后来的雷诺兹－纳贝斯克公司（RJR Nabisco）。事实上，斯蒂利茨也参加过这两家公司的竞标，但是出价过低。斯蒂利茨还对吉列公司和佳得乐公司出过价，但是也未成功。

积极获取现金

在斯蒂利茨任职期间，罗尔斯顿·普瑞纳公司的主要资金来源是内部现金流和债务；早期的时候，资金来源还包括出售资产所得。

在斯蒂利茨掌舵期间，经营现金流一直是重要的且不断增长的资金来源。在斯蒂利茨的管理下，公司从奉行混合经营到认准品牌战略，同时也认准精简的、去中心化的经营哲学，最终反映为公司利润率的稳步提高。被雀巢公司收购之前，罗尔斯顿·普瑞纳公司的利润率是包装商品行业里最高的。

在快消品行业的 CEO 中，斯蒂利茨是使用债务融资的先驱。快消品行业长期以来以极端保守的财务管理为特征，对它们来说，债务融资的做法简直就是异端行为。但是，斯蒂利茨却认为谨慎地使用债务杠杆可以显著地提高股东回报率。斯蒂利茨一方面相信那些拥有稳健现金流的行业应该利用债务来提高股东回报；另一方面积极实践，利用债务杠杆为股票回购和企业收购筹措资金，其中就包括他最大的两笔收购，劲量电池和大陆烘焙公司。如图 6-2 所示，罗尔斯顿·普瑞纳公司在斯蒂利茨的任期内负债对现金流[①]的比例一直高于行业平均水平。

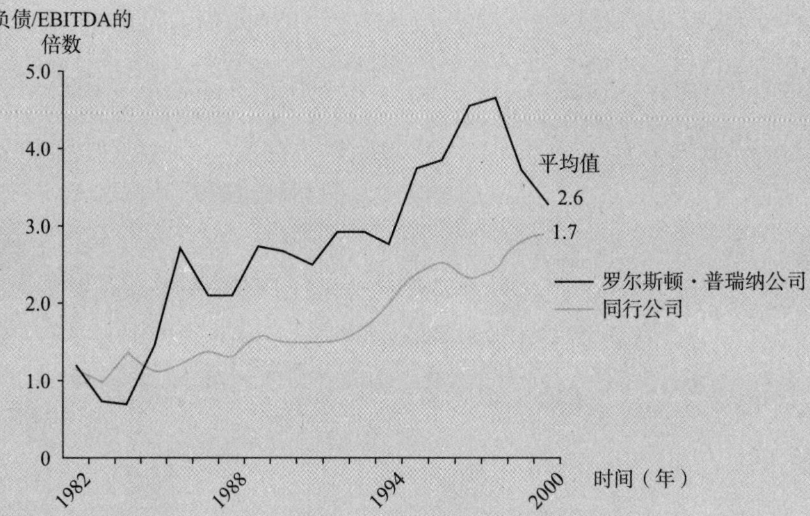

注：债务与 EBITDA 之比按以下方法计算，EBITDA /（应付票据 + 长期债务中的流动负债 + 长期债务）。

图 6-2　罗尔斯顿·普瑞纳公司的负债水平持续高于同行

资料来源：证券价格研究中心和罗尔斯顿·普瑞纳公司文件。

① 原文中分母为现金流，但是图表中分母又变成了 EBITDA，这两者在现实中并不完全等同。对罗尔斯顿来说，这两个数字很接近，所以作者混同使用。——译者注

斯蒂利茨的资产出售和剥离方法随着时间的推移而演变。开始时，斯蒂利茨出售非核心业务，比如由于达不到他对盈利能力和回报的要求，蘑菇农场和蓝调曲棍球队被出售，这些资产出售是公司早期重要的现金来源。对斯蒂利茨来说，即使是公司最初发迹的饲料生意也可以拿来出售。“斯蒂利茨知道什么东西是值得的，只要价格合适，他会出售任何资产。”莫布森充满赞许地告诉我。[2] 在此期间，斯蒂利茨专注于以尽可能理想的价格剥离非核心资产，并将资本重新配置到高回报的包装商品业务上，比如买下劲量电池和大陆烘焙这两个品牌。

不过，斯蒂利茨最终意识到，从税负的方面来考虑，出售资产无效率可言。我们也观察到，后期斯蒂利茨开始使用企业分拆的方法，他认为这样既释放了企业家的活力和创造力，同时也延缓了资本利得税的缴纳。从一开始，斯蒂利茨就信奉去中心化的管理，致力于减少公司官僚机构的层级，并将公司关键业务的管理责任和决定权交给紧密协作的管理团队。在去中心化的方向上，斯蒂利茨认为企业分拆是行动的下一步，这种“极致的分权”为管理者和股东提供了信息透明、决策自主的强劲组合。与那些受制于母公司复杂结构的公司相比，分拆后的企业允许管理者更直接地根据其经营业绩来获得报酬。

斯蒂利茨也被证明是一个非常精明的卖家。在 20 世纪 80 年代初首轮资产剥离完成之后，斯蒂利茨只进行了两次大手笔的资产出售。首先是向杜邦公司出售了罗尔斯顿·普瑞纳公司的蛋白业务。杜邦公司为这项业务支付了高昂的价格。斯蒂利茨选择了股票作价的方式进行交易，从而延缓了资本利得税的缴纳。其次是向雀巢公司出售宠物食品业务，众所周知，这次交易的价格创下了纪录，超过 100 亿美元。后来，斯蒂利茨虽然承认这个价格非常划算，但考虑到雀巢公司的实力以及股东缴纳的资本利得税，他十分后悔当初没有选择雀巢公司的股票。

回购股票与收购

除了每年固定的债务偿还、内部资本支出和最低限度的股息支付外，斯蒂利茨把现金主要用在两个方面：回购和收购。在这两个方面，斯蒂利茨对时机的把握都已经到了炉火纯青的地步。

在快消品行业，斯蒂利茨是股票回购方面的前锋。20 世纪 80 年代初，当斯蒂利茨开始回购股票时，回购行为并不多见且备受争议。罗尔斯顿·普瑞纳公司的一位董事当时就质问斯蒂利茨："你为什么要缩减公司规模，就没有其他任何有价值的、值得投资的增长点了吗？"相比之下，斯蒂利茨认为回购是他所能进行的最有潜力的投资，在说服董事会之后，他立刻化身为活跃的回购者。斯蒂利茨最终令人震惊地回购了罗尔斯顿·普瑞纳公司 60% 的股份。在本书的 CEO 中，这仅次于亨利·辛格尔顿。从这些回购中，斯蒂利茨获得了非常丰厚的回报，长期来看，其平均内部回报率为 13%。

同时，斯蒂利茨还是一位精于算计的买家，更喜欢瞅准机会在公开市场上买入，而不是发起大型收购要约，后者在交易之前股票价格可能已经抬升。斯蒂利茨的买入都发生在市盈率处于周期性低点时，为了节省交易佣金，斯蒂利茨甚至亲自就这些回购进行谈判。

斯蒂利茨认为，股票回购的回报率为其他内部资本投资决策特别是收购决策，提供了一个十分便捷的参考基准。斯蒂利茨的长期副手帕特·马尔卡希（Pat Mulcahy）说："在制定投资决策时，我们经常遇到的拦路虎就是股票回购的回报率。如果收购的回报率在一定程度上能够超过股票回购的回报率，那就值得去做。”[3] 相反，如果收购潜在的回报率没有明显超过回购回报率，斯蒂利茨就会放弃收购。

斯蒂利茨的收购方法是一直寻找优势企业，他专注收购的企业总有以下特征：可以通过罗尔斯顿·普瑞纳公司的营销专长和分销能力对其进行改善。斯蒂利茨更喜欢在前任所有者手中经营不善的公司，而且并非巧合的是，斯蒂利茨最大的两次收购——劲量电池和大陆烘焙公司，同属于大型企业集团内部被忽视的小部门。这两次收购的长期回报都非常出色，劲量电池在 14 年内实现了 21% 的年复合回报率；大陆烘焙公司在 11 年的持有期内实现了 13% 的年复合回报率。

斯蒂利茨专注于通过与卖家直接接触的方式来进行收购，尽可能地避免参与竞争性拍卖。大陆烘焙公司的收购是斯蒂利茨直接给国际电话电报公司（ITT）董事长兰德·阿拉斯科格（Rand Araskog）写了一封信，从而避开了一场竞拍。

斯蒂利茨认为，罗尔斯顿·普瑞纳公司致力于抓住那些在保守估计下仍能获得确定收益的机会。对于详细的财务模型提供的虚假精确性，斯蒂利茨不屑一顾，反而是把重点放在少数几个关键变量上：市场增长、竞争力、改善运营的潜力，以及自始至终非常重要的、产生现金的能力。斯蒂利茨对我说：“我真的只关心模型中代入的关键假设。首先，我必须了解市场的基本趋势，即它的增长和竞争态势。”[4]

斯蒂利茨的门生马尔卡希后来负责这项业务。在谈及产生深远影响的劲量电池收购案时，马尔卡希对斯蒂利茨的策略做出描述：“当时收购劲量电池的机会就在眼前，下午 1 点我们一小群人见了面，拿到了卖家的标书。在一个信封的背面，我们对杠杆收购模型进行了推演。下午 4 点，我们再次会面并决定出价 14 亿美元，就这么简单。我们知道自己需要关注什么。整个过程中没有大量的研究，也没有成群的银行家。”[5] 同样，斯蒂利茨的方法类似于汤姆・墨菲、约翰・马隆、凯瑟琳・格雷厄姆和其他局外人，只需要一张纸就可以写满。斯蒂利茨高度关注关键假设，而不是写满 40 页的各种预测。

账面价值毫无意义

了解到包装商品行业早期的杠杆收购后，斯蒂利茨有意识地采用了类似于私募股权的思维模式。马尔卡希精妙地总结了斯蒂利茨的管理世界观：“斯蒂利茨经营罗尔斯顿・普瑞纳公司有点类似于杠杆收购。他是最早洞察到以下真谛的人之一：只要现金流强劲且稳定，高杠杆率对股东就有利……他直接舍弃了那些现金不断流失的企业，不管它们来自何处……并通过大规模的股票回购或偶尔的企业收购来实现对已有强势业务的深度投资，从而达到我们的收益目标。”[6]

斯蒂利茨既有包装商品营销专长又有金融敏锐性，这是一对难得的精妙组合。斯蒂利茨凝神于新兴私募股权行业的通用语言，比如 EBITDA 和内部收益率（IRR）；不屑于当时华尔街视为圭臬的传统会计指标，比如账面盈余和账面价值。斯蒂利茨视账面价值如草芥。资深分析师约翰・比尔布塞（John Bierbusse）回忆：斯蒂利茨在难得出席的行业论坛上曾宣称“在我们的业务中，账面价值没有任何意义”，这一声明令在场听众顿时呆住了。莫布森补充道：“在忽略账面价值、每股收益和其他标准的会计指标方面，你必须胆略过人，因为它们总是与经济现实相脱节。”[7]

拒绝外部建议

斯蒂利茨极其独立，对外部顾问所提建议的蔑视不加掩饰。斯蒂利茨认为，个人魅力作为一种管理特质，其作用被过分高估，而分析能力才是成为 CEO 的先决条件和独立思考的关键。对此，斯蒂利茨直言不讳："没有分析能力，CEO 们将任由那些银行家和财务官员摆布。"斯蒂利茨发现，许多 CEO 来自诸如法务、营销、制造、销售等职能领域，而这些领域中不太用到这种分析能力。没有分析能力的 CEO，被斯蒂利茨认为是严重残疾。斯蒂利茨的忠告很简单："领导能力就是分析能力。"

这种独立的思维模式转化为与生俱来的怀疑，把那些外部顾问特别是投资银行家排除在信任之外。斯蒂利茨曾将投资银行家描述为"寄生虫"。在使用顾问时，斯蒂利茨目标明确：尽可能少的人数，通常每名顾问的方向都有清晰的针对性。同时，斯蒂利茨在洽谈咨询费时十分较真儿，在觉得那些银行家要价太高时，他停止了和雀巢公司数十亿美元的交易。斯蒂利茨有个观点，即不同的交易要聘请不同的银行家，这样就没有哪个银行家会觉得自己的业务是铁饭碗。

面对重要的尽职调查会议或谈判，斯蒂利茨以独自一人出席而闻名，而谈判桌的另一边却挤满了银行家和律师。对这种有违常规的做法，斯蒂利茨怡然自得。曾在高盛集团就职的一位银行职员告诉我：在并购雷诺兹－纳贝斯克公司的过程中，有一次尽职调查会议安排在深夜，斯蒂利茨一个人进入高盛集团办公楼的会议室，手里只拿着一个黄色的便签簿，他逐一浏览那些关键的运营假设，然后给出最终报价就回去睡觉了。斯蒂利茨热切地享受投资过程中的乐趣，出售罗尔斯顿·普瑞纳公司之后，他精心管理着一家投资合伙企业，资金来源也主要是其自有资金。

斯蒂利茨深知“一寸光阴一寸金”，对曝光度高、耗时长的慈善理事会避之不及，也不参加“主要是浪费时间”的休闲午餐会。斯蒂利茨解释道：“这些活动发展至今，已经到了占用太多时间的地步，所以我彻底屏蔽了它们。”然而，斯蒂利茨一定会抽出时间出席其他公司的董事会，把这看作是一个让自己接触新情况和新思想的难得机会。

斯蒂利茨是“狐狸”型的人，不断吸收着新的想法，而不问其出处。资深的行业分析师约翰·麦克米林（John McMillin）曾经略带恭维地写道：“有些人是创新者，有些人从别人那里借鉴，斯蒂利茨则兼而有之。”[8] 斯蒂利茨有意识地在日程表中挤出一块块时间，不受干扰，独自一人思考业务中的关键问题，无论是在佛罗里达的海滩还是在圣路易斯家中的办公室。

斯蒂利茨避免与华尔街进行耗费时间的沟通，并保持着分析师比尔布塞所说的“影星嘉宝在无声电影中的气质”，斯蒂利茨很少与分析师交谈，几乎从不出席会议，也从不发布季度指南。[9]

到 20 世纪 90 年代中后期，斯蒂利茨的另类做法已经变成时代主流，几乎所有的同行都实施了与他大同小异的战略：剥离非核心资产、回购股票、收购与其核心产品线互补的业务。不出所料，2001 年，正当斯蒂利茨的战略获得了业界广泛认可，包装商品公司的市盈率达到了历史最高水平时，斯蒂利茨突然改变方向，将罗尔斯顿·普瑞纳公司以创纪录的价格卖给了雀巢公司，此举再次让摸不着头脑的竞争对手抓耳挠腮。

最近的一个例子：美国莎莉集团

斯蒂利茨执掌罗尔斯顿·普瑞纳公司 30 多年后，业界同行的“模仿秀”仍络绎不绝。最近一次“模仿秀”的情形是这样的：在CEO布伦达·巴恩斯（Brenda Barnes）和马塞尔·斯米茨（Marcel Smits）的领导下，消费品公司美国莎莉集团（Sara Lee）追随斯蒂利茨的脚步，在过去5年里抛售了非核心业务，回购了13%的股份，保持了相对较高的杠杆率，为股东带来的回报让同行黯然失色。在撰写本文时，一个由私募股权公司构成的财团对美国莎莉集团发起收购要约，收购价较集团当前的股价有相当的溢价，但是美国莎莉集团却拒绝了。相反，美国莎莉集团宣布将剥离其利润丰厚的咖啡和茶品业务，并一次性派发可观的股息。这是不是似曾相识？

The Outsiders

Eight Unconventional CEOs and Their Radically Rational Blueprint for Success

特质 7

永远关注现金流

迪克·史密斯和大众影院公司

The Outsiders

- 史密斯的疯狂业绩：34 年 684 倍收益，足以“秒杀”众多同行，笑傲伟大 CEO 之巅。
- 杰克 · 韦尔奇本人对史密斯的成就大为震惊，因为其业绩足足是自己的 11 倍多。
- 史密斯长期稳定地回购大众影院公司的股票，最终买回了公司 1/3 的股票。在这些回购上，他的长期内部收益率高达 16%。

他是

迪克 · 史密斯

DICK SMITH

戴维·沃戈
普特南投资公司
（Putnam Investments）

由一小群真正的精英创造出的价值是惊人的。

1962 年，菲利普·史密斯因心脏病突发而去世。菲利普于 1908 年从俄罗斯来到美国波士顿，在打过各种零工之后，在新兴的“五分钱电影院”行当里找到了自己的事业方向。刚开始，菲利普是一名引座员，后来晋升为售票员，最后被提拔为波士顿市中心一家电影院的总经理。1922 年，菲利普向亲朋好友借了钱，在波士顿北区开了一家电影院。5 年后，由艾尔·乔尔森（Al Jolson）主演的有声电影打破了默片的声音屏障。

在接下来的 40 年里，菲利普成功地建立了连锁影院，从美国的新英格兰地区发端，然后扩展到中西部。菲利普是汽车影院的开拓者，以精明的经营者而著称。在去世前一年，也就是 1961 年，菲利普曾将公司上市，以筹集资金建造更多的汽车影院。62 岁的菲利普突然离世后，儿子迪克·史密斯立即接任大众汽车影院的 CEO 一职，当时汽车影院也被称作免下车影院。那一年，迪克 37 岁。

在之后的 43 年里，从这家不寻常的连锁影院起步，这位新生代 CEO 的持续表现相当抢眼，超过标准普尔 500 指数 11 倍，直接完胜市场大盘和杰克·韦尔奇。迪克取得这些成果的背景是：这是一家由创始人家族控制的上市公司。迪克却把它当作私人控股公司来经营，并对分配公司的现金流表现出难得一见的耐心。成熟的汽车影院业务带来的现金流被迪克进行了多元配置，首先是投资购物中心影院，然后再投资完全不同的业务线。

迪克会长期蛰伏，偶尔发现机会则倾巢出动。在其任期内，迪克在不相关的业务领域共进行了 3 次重大收购，分别是：20 世纪 60 年代末收购经营瓶装软饮料的美国饮料公司（American Beverage Company），20 世纪 80 年代中期收购经营零售业务的卡特－霍利－黑尔公司（Carter Hawley Hale，CHH），90 年代初收购哈考特－布雷斯－朱万诺维奇出版公司（Harcourt Brace Jovanovich，HBJ）。这一系列交易让这家地区性汽车电影公司转型为非常成功的经营消费品的企业集团。

商业世界到处布满了企业的“遗骸”，它们跨行收购但惨遭失败。这类多元化收购执行起来是出了名的困难，时代华纳和美国在线（American Online）莫不如是。然而，迪克依靠家族关系上位，相对缺乏经验，却成了这个方面的大师。事实上，迪克在大众影院公司的任期可以看作连续不断的革新过程，也可以被视为关于及时撤离的故事集合：一次是在 20 世纪 80 年代末，然后 2003 年和 2006 年各有一次撤离。多元化收购和资产剥离导致企业像手风琴一样时而扩张时而收缩，这是极不寻常的，虽然在某些方面和亨利·辛格尔顿的特利丹公司有点类似。同时，多元化收购和资产剥离也为大众影院公司的股东带来了巨大的利益。

轻资产战略，“售后租回”的资本游戏

迪克 1924 年出生于马萨诸塞州牛顿市一个温暖有爱的大家庭里，他是四个孩子中的老大，从小就在周末和假期时帮助打理家族生意。迪克在剑桥大学读完预科班，1946 年从哈佛大学毕业，并获得工程学学位。第二次世界大战期间，迪克是一名海军工程师，战后没有去读 MBA 而是回到家族企业工作。1956 年，迪克 32 岁，他的父亲让他成为正式合伙人。

父亲去世后，迪克积极地将公司院线扩展到郊区的购物中心，在那里它是毫无疑问的先驱。迪克是业内第一个认识到，郊区影院的业务将受益于强大的、潜在的人口增长趋势。为了抓住这个机会，迪克开创了两种革命性的做法。

首先是新剧院的融资。在影院开发中，传统方法强调取得标的土地的所有权，这样可以保证对资产的长期控制，以及通过抵押土地来获得贷款。然而，迪克意识到，一个位置优越的影院可以迅速产生可预测的现金流。迪克率先使用融资租赁来建造新影院，大大减少了前期投资。这一创新使迪克以最小的资本投入，实现了其院线的迅速发展。

其次是在每家影院增加更多银幕，以吸引更多观众，并优化高收益的影院特许商品销售。双重革新带来的结果就是，在整个 20 世纪 60 年代到 70 年代初，大众影院公司通过投资新影院获得了丰厚回报。然而，到了 60 年代末，迪克觉察到影院的增长不可能无限期地持续下去，于是开始探索多元化经营，进入那些长期前景更看好的新业务领域。

迪克的转型发生在 1968 年，他收购了总部位于俄亥俄州的美国饮料公司，这是全美最大的百事可乐独立灌装公司。迪克通过影院特许商品经营而熟悉了饮料行业，当得知美国饮料公司可能要出售时，他便迅速采取行动。迪克谈成的这笔生意因为收购价格相当于公司现金流 5 倍数额而引人注目，其业务量相当于公司当时企业市值的 20% 以上的规模。迪克把自己对不动产的理解发挥到极致，通过对美国饮料公司生产设施及场地的出售或返租，创造性地为收购融得了资金。今天，迪克仍然有理由为这一战略而感到自豪。

无形资产，小运营资金带来超高现金流

电影院是由一砖一瓦搭建的现实世界，迪克在这里长大，美国饮料公司使他第一次接触到诸如饮料品牌等企业无形资产的价值。迪克渐渐喜欢上了饮料行业，这个行业属于卖方市场，有着非常高的资本回报率和诱人的长期增长趋势。迪克特别喜欢百事可乐灌装公司内部的动态机制，这些公司的所有权很分散，许多公司二代和三代的所有者都是潜在的经销商。这不同于可口可乐的体系，可口可乐的灌装由屈指可数的几家大型独立公司把持。由于百事可乐是饮料行业排名第二的品牌，其特许经营权的交易价格往往低于可口可乐。

通过收购美国饮料公司，迪克收购了一家合法的平台公司——其他公司可以轻松高效地并入其中。随着美国饮料公司发挥出规模优势，迪克意识到他能以高价购买新的特许经营权。虽然这个价格可能相当于卖家现金流的很多倍，但是通过削减支出、合理避税以及专业营销，实际的购买价格就会大幅降低。在这一观念的基础上，迪克积极行动，去收购其他特许

经营权，包括 1973 年买下百事可乐美国公司、1977 年买下百事可乐瓶装公司以及 1977 年买下华盛顿特区的特许经营权。

与经营影院业务一样，迪克和他的团队是创新型的营销人员和高效的运营商。公司致力于不断降低成本，例如，利用其规模优势降低易拉罐价格；为了避免母公司加价，直接在国际市场采购食糖。这种致力于降低成本的经营之道所带来的结果就是，美国饮料公司获得了行业领先的利润率。除了百事可乐，迪克偶尔也会买入其他饮料的特许经营权，比如七喜和胡椒博士（Dr Pepper）。1976 年，美国饮料公司与最大的橘子种植商合作，推出了新奇士（Sunkist）橘子苏打汽水，并通过其分销网络进行推广。为了推出新奇士橘子苏打汽水，美国饮料公司最终投资了 2 000 万美元，1984 年却以 8 700 万美元的价格将其出售给了加拿大的公司 Canada Dry，非凡的投资回报由此而来。

第三支点，“非收购入股”缔造完美公司构架

在饮料业务走上正轨后，迪克开始寻找下一个目标，一项可以作为大众影院公司“第三条腿”的新业务。沿着这一思路，在 20 世纪 70 年代末和 80 年代初，大众影院公司在广播媒体业务方面进行了许多规模较小的收购，买下了数家电视台和广播电台。然而，迪克的出价原则不允许大众影院公司在市盈率达到两位数的情况下去收购，但这是当时广播业普遍的市盈率倍数。尽管大众影院公司在媒体业的小型投资组合获得了良好回报，但是从未成为该行业的主角。“这是一次错失的机会。”普特南投资公司的老牌投资人鲍勃·贝克（Bob Beck）这样说。[1]

随着时间的推移，迪克的收购方式也在与时俱进。从 20 世纪 80 年代初开始，迪克和他的收购团队专注于等待，偶尔在时机成熟时下重金，同时还对那些他们认为被低估的上市公司进行非控股型投资。这些投资旨在帮助大众影院公司进行多元化的尝试，迪克把这一战略命名为“参与式投资”，就是进行大量的非控股型投资，以此在其他公司的董事会中获得一席之地，然后与其管理层合作去改善公司运营、增加公司价值。

20 世纪 80 年代前半期，迪克亲自介入 3 项“参与式投资”的尝试：哥伦比亚影业、休伯莱恩公司（Heublein）和吉百利公司。在后两个案例中，对方公司在职的管理团队对大众影院公司的投资持怀疑态度，甚至是公开的敌视，结果迪克没有得到董事会席位，在最初交易后的一到两年内，迪克把它们都剥离了。这些投资的回报很不错，但没有实现多元化这一深层次的目标。1985 年 4 月，大众影院公司首席财务官伍迪·艾夫斯（Woody Ives）接起电话，发现另一头是摩根士丹利公司的投资银行家埃里克·格里切尔（Eric Gleacher），“第三条腿”终于出现了，情势因此骤变。

这天是周三，格里切尔的电话是关于 CHH 的事，这是一家上市零售企业集团，拥有多家百货公司和专业连锁零售店。利明特公司（The Limited）的 CEO 莱斯利·韦克斯纳（Leslie Wexner）最近对其提出了恶意收购要约。而格里切尔受雇 CHH 为其寻找一位“白衣骑士”，友好的投资者应该有能力买下 CHH 绝对大比例的股票，以此来挫败恶意收购。

起初，艾夫斯对格里切尔的描述反应冷淡，但他在放下电话的瞬间，便意识到这是一个潜在的重大机会。时间紧得不能再紧了，他们需要在下周二之前做出回应。艾夫斯意识到，任何能够按照这个如此紧迫的时间表行事的买家，都必须在交易谈判中借助巨大的杠杆。放下电话，艾夫斯就向迪克以及管理团队的其他高层成员做了汇报，当天下午 5 点，他们登上了飞往 CHH 公司洛杉矶总部的飞机。

整个周末都在紧张的尽职调查和谈判中度过，周日晚间就达成了协议。周一是美国的爱国者节，波士顿的银行放假，迪克他们紧急召集了一个由 3 家银行组成的财团为交易提供资金支持。到了周四，也就是格里切尔第一次致电后的第 8 天，交易完成。迪克和他的管理团队对他们的收购标准和流程做了极致的精简，所以才能够跟得上这个异常紧急的时间表。几乎没有上市公司能在这种大规模的交易中行动如此迅速。

对 CHH 的投资是迪克奉行机会主义原则的极好例证，只要情势所需，迪克就愿意下重注。这次交易规模相当于大众影院公司市值的 40% 以上，交易规模可见一斑，而且过程非常复杂，但同时利益也相当诱人。艾夫斯以可转换债券的形式谈下了大笔资金，保证债权人能获得大众影院公司 10% 的收益；如果业绩表现良好，大众影院公司还允许债权人将其收益转换为 CHH 公司普通股的 40%，并且能以固定价格购买 CHH 全资子公司华登堡书业（Waldenbooks）的期权。艾夫斯向我总结道："那天结束的时候，我们借到了钱，其中 6% ～ 7% 的部分全额免税，同时获得 10% 的税前利息抵扣额度。此外，我们还有一项转换期权，该转换期权允许我们最终剥离内曼 · 马库斯集团（Neiman Marcus）和对华登堡书业的认购期权。"[2] 这个周末的加班成果着实不错。

最终，大众影院公司将其在 CHH 40% 的股份换为 CHH 专业零售部门 60% 的控股权，该部门的主要资产是内曼・马库斯连锁商店。大众影院公司对 CHH 投资的长期回报率高达 51.2%。通过 CHH 的交易，大众影院公司决定性地转向零售业，这项新业务诱人的增长前景与饮料或影院业务都没有什么关联。

20 世纪 80 年代末，迪克发现了两个令人不安的趋势：一个是重整旗鼓的可口可乐开始在当地市场蚕食百事可乐；另一个是因为饮料行业的经济效益变得广为人知，其特许经营的价格大幅飙升。作为回应，虽然很不情愿，但迪克决定试着出售饮料业务，最终在 1989 年以创纪录的高价将美国饮料公司出售给百事可乐的母公司。这次出售之后，大众影院公司的资产负债表上留下了超过 10 亿美元的现金，迪克开始再次寻求能实现多元化的收购机会。

没过多久，迪克就找到了。1991 年，经过 18 个月的曲折过程，迪克完成了他最大的也是最后一笔收购，在一次情况复杂的拍卖中收购了出版商 HBJ，由此也为大众影院公司安装了最后的“第三条腿”。HBJ 是一家领先的教育和科学类读物出版商，还拥有一家考试机构和一家职业介绍公司。自 60 年代中期以来，这家公司一直由 CEO 威廉・朱万诺维奇（William Jovanovich）个人独揽经营。1986 年，HBJ 收到了“变节”的英国出版商罗伯特・麦克斯韦尔（Robert Maxwell）的敌意收购要约。作为回击，朱万诺维奇大举借债，出售了 HBJ 的游乐场业务，还向股东派发了大量的股票。

这一系列举措让麦克斯韦尔望而却步，但也让 HBJ 背负上无法承受的债务。由于 HBJ 债务违约并无法付款，其债券都在打折出售，公司的结构化债券犹如多层蛋糕一样复杂，一些专门针对危机企业的秃鹫型投资者，比如阿波罗投资公司（Apollo Investments）的莱昂·布莱克（Leon Black）开始在其中积累头寸。

由于业务停滞不前，朱万诺维奇于是退休，由长期担任 HBJ 高管的儿子彼得继任。1990 年底，该公司聘请史密斯·巴尼（Smith Barney）执行拍卖程序。在大众影院公司内部，执行团队对 HBJ 复杂的资本结构进行了深入分析，尽管他们厌恶拍卖，但是管理团队的结论是：HBJ 的业务非常符合大众影院公司的收购标准。于是他们决定积极推进。

管理团队还认为，HBJ 迷宫般的被投资银行家西泽·斯韦策（Caesar Sweitzer）描述为“企业金融预修课程”的资产负债表，可能会吓跑其他买家，从而为思想灵活、资本充足的独立买家提供机会，并可能以惊人的估价来达成协议。[3] 与 HBJ 众多债权人进行广泛磋商后，迪克同意以 15.6 亿美元收购该公司，这相当于大众影院公司当时企业市值的 62%，绝对是“押上了身家性命”。这一价格相当于 HBJ 核心出版资产现金流的 6 倍，与可比交易相比，这个价格相当诱人。迪克后来以 11 倍现金流的价格出售这些业务。表 7-1 列举了交易资金的来源和用途，从中可以看出交易的复杂性和众多的参与方。

表 7-1　大众影院公司收购 HBJ 的金融数据

HBJ 的资产类别	初始报价 14.6 亿美元	最终报价 15.6 亿美元
普通股	每股 1.30 美元现金	每股 0.75 美元（以大众影院公司的股票支付）
优先股	每股 1.30 美元现金	每股 0.75 美元（以大众影院公司的股票支付）
主要票据	本金的 93%	本金的 100%

续表

HBJ 的资产类别	初始报价 14.6 亿美元	最终报价 15.6 亿美元
主要次级债	本金的 77%	本金的 91%
次级债	本金的 45%	本金的 47.5%
无息债券	本金的 32.4%	本金的 40.97%
实物付息债券	本金的 40%	本金的 47%

资料来源：General Cinema / Harcourt Brace Jovanovich Joint proxy statement, pp.32，40, 46-47.

1991 年收购 HBJ 后，大众影院公司将其成熟的影院业务剥离出来，成立独立的上市实体影院集团（GC Companies），这样管理层就能够把注意力集中在规模更大的零售和出版业务上。在接下来的 10 年里，迪克和他的管理团队继续经营着零售和出版业务。2003 年，迪克将 HBJ 的出版资产出售给了里德·爱思唯尔集团（Reed Elsevier）；2006 年，迪克又将内曼·马库斯集团大众影院投资组合里的最后一部分出售给了一个私募股权基金组成的买家财团。这两项交易的估值都创下了各自行业的纪录，为迪克及其股东的超常表现画上了完美句号。

由于父亲去世，迪克出人意料地被推上了 CEO 的宝座，他在执掌大众影院公司的 43 年里创造了惊人的业绩（见图 7-1），为其股东创造了 16.1% 的年复合回报率，把同期标准普尔 500 指数（9.0%）和通用电气（9.8%）的回报率甩在身后。1962 年初，投资 1 美元给迪克，43 年后其价值达 684 美元；同样的 1 美元投资于标准普尔 500 指数，43 年后其价值达 43 美元；如果投资于通用电气，则其价值达 60 美元。

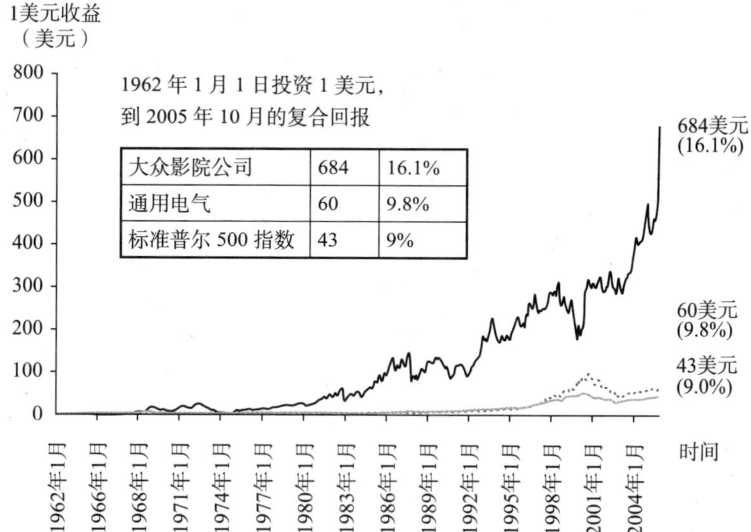

注：内曼·马库斯集团于 1989 年 10 月分拆给大众影院公司的股东，哈考特通用公司（Harcourt General）于 2001 年 7 月出售给里德·爱思唯尔集团。为了获得 2005 年 10 月出售内曼·马库斯集团给得州太平洋集团和华平基金（TPG and Warburg Pincus）的回报数据，假设出售哈考特通用公司的收益再投资于证券，该证券每年的增长率取莱卡迪亚公司（Leucadia）和标准普尔 500 指数当年的平均增长率（2001 年 7 月至 2005 年 10 月期间，莱卡迪亚公司和标准普尔 500 指数的复合年增长率分别为 17.7% 和 0.7%）。

图 7-1 大众影院公司股东总收益远超标准普尔 500 指数和同行

资料来源：证券价格研究中心。

The Outsiders 迪克・史密斯的方法

迪克发展出一种独特的方法来管理大众影院公司的运营，他通过与3 位高管——CFO 艾夫斯、COO 鲍勃・塔尔（Bob Tarr）和公司顾问萨姆・弗兰肯海姆（Sam Frankenheim），组成的小圈子密切合作来实现对公司的管理。迪克正式命名这个组织为“董事长办公室”，或简称“董办”（OOC）。董办每周召开一次会议，会上迪克积极鼓励高管之间进行辩论。大众影院公司资深的投资银行家斯韦策将这些会议描述为“以建设性的、合议庭的方式进行的摔跤比赛”。[4]

迪克甚至希望自己的提案被董办的其他成员否定。后来离开大众影院公司并领导东方资源公司（Eastern Resources）成功转型的艾夫斯是公司才华出众的 CFO，他还记得自己在大众影院公司最自豪的时刻之一：在迪克准备与康卡斯特公司和哥伦比亚广播公司组建合资公司开展有线电视业务而发表言论时，艾夫斯发表了反对意见，迪克的提案因此被董办否决。“他允许我在董事会面前公开反对他。没有几个 CEO 会这么做。”[5]

大众影院公司的总部只有非常精简的运营人员，公司总部位于马萨诸塞州栗树山市（Chestnut Hill）一家不起眼的购物中心后方，紧挨着自家影院。迪克自豪地指出，这个位于郊区的办公空间实际上是免费的，因为影院支付了整个建筑群的租金。"迪克将日常运营管理委托给了董办和各部门负责人，他几乎没有时间和投资者进行沟通，偶尔的沟通也'只是意思一下'。"普特南投资公司分析师鲍勃·贝克这样描述道。[6] 相反，迪克将大部分时间花在了公司战略和资本配置问题上。

这一小群管理者对公司的管理十分严谨。资深媒体投资人戴维·沃戈给我分享过一份报告，当时大众影院公司刚刚完成对 HBJ 的收购，这份报告是他与管理层会晤后撰写的。报告中引人注目的是其简明扼要的陈述：清晰地列举了交易理由，然后是附带的具体基准和回报目标清单，没有多余措辞。事后来看，同样值得注意的是，大众影院公司实现或超过了当初制定的每一个目标。正如沃戈在谈到大众影院公司的团队时所说："由一小群真正的精英创造出的价值是惊人的。"[7]

迪克在 30 岁的尾声时就任 CEO，他很乐意让高管们在职业生涯的早期就承担起管理责任。1974 年，迪克聘请没有任何企业运营经验的 37 岁的投资银行家艾夫斯担任公司 CFO；同样，1978 年，迪克任命 34 岁的退役潜艇指挥官、哈佛大学 MBA 塔尔为饮料部门总裁；后来迪克又雇用了 35 岁的保罗·德尔·罗西（Paul Del Rossi）来经营公司的影院业务。

用迪克的话来说，这些高管的薪酬"有竞争力，但不是特别高"。[8] 然而，大众影院公司确实通过期权和慷慨的员工股票购买计划向核心管理人员配置了股权，其比例达到法律对员工持股要求的上限。艾夫斯认为，这些创举的直接效果就是，高管团队"感觉自己像是老板……我们都是股东，工作自然卖力"。[9]

把现金流视为第一要务

迪克资本配置的历史表现堪称优异。在迪克的漫长任期内，3 个主要的现金来源是：经营现金流、长期负债和偶尔出售大型资产的所得。

电影院业务在现金流方面有其独特之处：一方面，其运营资本为负数，下游客户需提前支付费用，同时上游电影制片厂的电影版权费可以拖欠 90 天；另一方面，电影院业务拥有低资本要求的特点，一旦影院建成，维护费用的投资可谓九牛一毛。这些诱人的经济因素对迪克的商业世界观产生了巨大影响，从公司历史的早期开始，他就专注于现金流最大化，而不是传统的每股收益最大化。

我在迪克的办公室见到他时，他给我看了 1962 年公司的年报，那是他第一次担任 CEO，报告中他反复提到现金收益即净收益加折旧是评估公司业绩的关键指标，而不是净利润。这很可能是美国商业用语中第一次使用现金收益这个词，但其现在已成为标准术语。正如公司 CFO 艾夫斯所说："我们的重点始终是现金。"在迪克的任期内，公司一直创造着高水平的经营现金流。[10]

迪克不愿意发行股票。事实上，从大众影院公司首次公开募股开始，迪克差不多完全避免了增发股票，直到 1991 年才增发了少量股票，也是为了帮助公司在 HBJ 的交易中获得优惠的税收待遇。迪克对我说："我们从未增发过一股。我就像一个封建领主，坚守着祖先的土地！"

另外，为了给收购提供资金，大众影院公司的战略是利用债务。它最大的两次收购，即收购 CHH 公司和 HBJ 公司，其资金完全来源于债务融资。因此，从 20 世纪 80 年代中期开始，公司债务与现金流的比率一直保持在至少 3 倍，以此来放大股票回报并将税负降至最低。

税负最小化是大众影院公司另一个重要的资金来源，也是该公司与众不同的另一个领域。尤其是迪克，他是这方面的先行者。该公司长期的税务顾问迪克·丹宁（Dick Denning）告诉我："他们非常老练……在探索和利用新的税收理念方面绝不保守。"在迪克任期内，大众影院公司的平均税率是 33%，而同期的企业税率接近 50%，我们从中便可以看出这种税收筹划的有效性。

通常而言，在没有外部股东压力的情况下，一家公司的 CEO 很少会出售公司的大型部门或大型业务。然而，迪克是一位杰出的商人。与本书中的几位 CEO 一样，包括比尔·安德斯和比尔·斯蒂利茨，迪克曾经分别 3 次以创纪录的高价出售了公司的大型部门和业务：1989 年的饮料业务、2003 年 HBJ 的出版业务和 2006 年的内曼·马库斯集团。每一次，当看到业务增长、前景黯淡和市场高估值并存时，迪克便大举抛售，即使这意味着公司规模的大幅缩水。

在 2006 年的业务出售案例中，迪克看到，内曼·马库斯连锁商店的进一步扩张需要密集的资本投入（每开设一家新店需要投入 5 000 万美元）以及他们面临运营方面的挑战。迪克还发现，拥有大量低成本债务的私募股权公司，愿意为一流的零售业资产支付创纪录的价格。于是迪克聘请了投行高盛集团策划了一次全面竞拍，最后由得州太平洋集团牵头的财团买下内曼·马库斯集团，支付价格对比现金流的倍数创下了历史纪录。

影院集团负责公司历史悠久的影院业务，迪克没有出售这个成熟的业务部门。据称，迪克曾在 20 世纪 80 年代末动过出售该集团的心思。到 90 年代末，电影放映行业的竞争变得更加激烈。大众影院公司没有出售影院集团，而是试图优化已有院线，以期与全国各地涌现的新影院展开竞争。大众影院公司关闭了一些同时扩建了另一些影院，投资新的放映技术，但一切于事无补。到了 90 年代末，影院集团无力偿还债务，遂宣布破产，这对迪克来说是罕见的挫败。

花好每一分钱

迪克将这些来源不同的现金配置到 3 个主渠道：收购公司、股票回购和资本支出。公司支付的股息微乎其微，值得注意的是，它保有大量的现金余额，同时静待有吸引力的投资机会浮出水面。

迪克收购的公司有几个共同特点：它们都是市场领导者，具有稳定的增长前景和受人尊敬的品牌。迪克通常会充分利用时机来完成此类交易，并在其他潜在的买家迟疑时积极出手。在 CHH 的收购案例中，没有其他买家能够像迪克这样迅速地反击利明特公司的收购要约；在收购 HBJ 的案例中，没有其他买家愿意花时间来厘清复杂的资本结构，并与多层次的债权人进行谈判。相对于公司规模来说，这些收购也押上了身家性命，其收购价格占公司企业市值的 22% 到 62% 不等。

随着时间的推移，迪克一直在稳步回购大众影院公司的股票，最终回购了该公司 1/3 的股份，这些回购的长期内部收益率达到诱人的 16%。1982 年，作为对迪克“参与式投资”的回应，休伯莱恩公司买下了大众影院公司的大量股份。迪克随机应变，回购了 10% 的自家股份，这也是他最大的单笔回购。

大众影院公司对资本支出保持严谨态度，所有投出去的资本都要求有较高的现金回报。公司早期的郊区影院创造了非凡回报，饮料部门也有着众多诱人的内部投资机会，公司的其他业务则遵循已有标杆业务的高标准。HBJ 出版业务的实物资产很少，因此其资本需求很低，而内曼·马库斯集团的连锁零售业务却需要大量资金。

尽管零售业比大众影院公司的其他业务更具资本密集性，但迪克认为内曼·马库斯集团拥有独一无二的品牌，只是前任所有者经营不善。有些时候，迪克愿意进行大笔投资开设新的内曼·马库斯连锁商店，因为他相信，只要显示出增长潜力，将来公司就能实现溢价出售。在拥有内曼·马库斯集团的 20 年里，大众影院公司只开了 12 家新店，而内曼·马库斯集团的开店计划则是这个数字的许多倍。内曼·马库斯集团最后的转让天价，充分证明了迪克的经营逻辑。

与采访大都会通信公司一样，对大众影院公司前任高管的访谈中弥漫着一种富有感染力的热情，一种同事间的友情和冒险精神。这群管理者齐心协力，带领公司进入了一系列兼收并蓄的新行业。在每一个案例中，他们都证明自己是卓越的运营者，拥有行业领先的利润率和卓越的回报。迪克·史密斯成功地创造了一个环境，让这群才华横溢的管理者获得超乎寻常的自主权，并让他们感觉自己就是企业的主人。“我们所有人都玩得如此开心。”说到这里时，迪克的眼中闪烁着光芒。伍迪·艾夫斯最后谈到他在公司的个人股权时说：“我只希望自己永远不会卖出一股。”[11]

The Outsiders

Eight Unconventional CEOs and Their Radically Rational Blueprint for Success

特质 8

首席执行官就是首席投资官
沃伦·巴菲特和伯克希尔-哈撒韦公司

The Outsiders

- 他是举世公认的投资之神，并以数百亿美元财富总额高居全球富豪榜前三位。
- 伯克希尔 - 哈撒韦公司全资子公司的利润，已经远超其在二级市场投资的利润。他的管理者身份与投资者身份越发难以区分！
- 伯克希尔 - 哈撒韦公司拥有 27 万名员工，其总部却只有区区 23 人。

他是

沃伦 · 巴菲特

WARREN BUFFETT

温斯顿·丘吉尔	你塑造环境，环境反过来也在塑造你。
爱因斯坦	复利是宇宙间最强大的力量。
沃伦·巴菲特	做一个 CEO 让我成为更好的投资者，反之亦然。

伯克希尔-哈撒韦公司的前身是一家拥有上百年历史的纺织公司，位于马萨诸塞州的新贝德福德地区（New Bedford）。这家公司一直由蔡斯和斯坦顿这两个当地家族所拥有，时间长达几代人。1965 年，这家新英格兰地区的企业在度过了黄金时代之后渐渐没落，此时的它原本不会成为恶意收购的目标。虽然公司业务日薄西山，但即便是被收购，至少也不应沦为恶意收购的对象。但年届七旬的 CEO 西伯里·斯坦顿（Seabury Stanton）性格固执，由于他拒绝与一位心怀不满的职业投资人会面，硬生生导致后者成为令他意想不到的可怕对手。

其后的股权之争持续了一段时间，最终，伯克希尔-哈撒韦纺织公司居然被来自内布拉斯加州的青年才俊沃伦·巴菲特收入囊中，而巴菲特最不像一个掠食者。这一年，巴菲特 35 岁，名不见经传，长着一双招风耳。他在奥马哈一座不起眼的办公楼里经营着一家小型投资合伙公司，此前也没有公司管理经验。

然而，巴菲特与 20 世纪 80 年代那些声名狼藉的杠杆收购狂徒迥然不同。首先，巴菲特没有十足的敌意，收购之前他就和蔡斯家族建立了紧密的联系。其次，巴菲特没有利用任何负债，而利用负债是戈登·盖柯（Gordon Gekko）和亨利·克拉维斯（Henry Kravis）常用的伎俩。

巴菲特被伯克希尔－哈撒韦纺织公司吸引，是因为相对于公司账面价值，其股票价格低廉。当时，该公司在激烈的商品市场（西装衬里）竞争中处于劣势，市值仅为 1 800 万美元。巴菲特从这个平淡无奇的开端起步，创造了史无前例的业绩。以股票的长期表现来看，相对于其他 CEO，这个内布拉斯加州曾经的平头小子简直是天外来客。在巴菲特手中，那家昔日破败的新英格兰纺织公司取得了惊人的回报，2011 年时这家公司的市值已达 1 400 亿美元，而股本几乎没变。巴菲特第一次买入伯克希尔－哈撒韦纺织公司股票时，其股价是 7 美元，如今股价已经超过 12 万美元。

巴菲特是如何从这样一个难以置信的平凡起点实现了上述非凡的转变呢？巴菲特的投资人背景又怎样帮助他形成了管理伯克希尔－哈撒韦公司的独门秘籍？精彩故事自此开始。

垃圾股淘金，捡小便宜的烟头策略

巴菲特 1930 年出生在内布拉斯加州的奥马哈，这也是他家族深深扎根的地方。祖父在当地经营着一家人尽皆知的杂货铺；父亲是奥马哈市中心的股票经纪人，后来成为国会议员。巴菲特继承了他们的淳朴性格，他很早就表现出创业倾向并进行了一系列的商业尝试，从 6 岁开始到高中毕业，他干过的工作包括送报纸、出租弹子游戏机和售卖软饮料。大学阶段，巴菲特曾在沃顿商学院短暂求学，后来，20 岁时从内布拉斯加大学毕业并开始申请哈佛商学院。

巴菲特一直对股票市场很感兴趣。像保罗在大马士革接收到神的启示一样，19 岁的巴菲特读到本杰明·格雷厄姆写的《聪明的投资者》（*The Intelligent Investor*）一书继而顿悟，一夜之间皈依为价值投资的信徒。巴菲特遵循格雷厄姆的公式：买入那些从统计数据来看很便宜、公司市值远低于净运营资产或净资产的企业。明白道理后，巴菲特知行合一，把早期商业活动的收益都投入了股票市场，当时大概 1 万美元。申请哈佛商学院失败后，巴菲特去了哥伦比亚大学跟随格雷厄姆学习，成为班上耀眼的明星，并且得到了格雷厄姆在哥伦比亚大学从教 20 多年里给出的第一个 A+。

1952 年从哥伦比亚大学毕业之后，巴菲特想在老师的投资公司谋个职位，但遭到拒绝，他于是返回奥马哈找了一份经纪人的工作。工作期间，巴菲特向客户推荐的第一家公司就是盖可保险（GEICO），这家汽车保险公司直接向政府雇员销售保单。盖可保险最初吸引了巴菲特的注意，是因为老师格雷厄姆担任其董事长。随着研究的深入，巴菲特发现盖可保险既有重要的竞争优势，又符合安全边际的要求。按照格雷厄姆的定义，安全边际就是一个拥有充分知情权的精明买家愿意支付的价格远低于公司内在价值。巴菲特把自己的大部分净资产投资于盖可保险，并试图说服他的客户也买入这家公司的股票，然而并没有人买账。此时巴菲特意识到，总体来说，经纪人的工作和他钟爱的投资事业相去甚远。

回到奥马哈之后，巴菲特一直和格雷厄姆保持着联系，把自己对于股票的理解不断地发送给老师。到了 1954 年，格雷厄姆终于被打动，并在盖可保险为巴菲特谋得一个职位，巴菲特得以回到纽约，并在接下来的两年里一直为老师工作。后来，巴菲特用"雪茄烟蒂"这个生动的比喻来形容这个时期的研究对象，即那些价格低廉、质量低下的公司。1956 年，格雷厄姆解散了公司，开始追逐生活中的"诗和远方"，比如翻译古希腊作家埃斯库罗斯的作品。巴菲特也回到奥马哈，从朋友和家人那里募集到 10.5 万美元，开设了他的小型投资合伙企业。此时，巴菲特的净资产达到 14 万美元，相当于 2011 年的 100 万美元。

现金流折现，只买最值的企业

在接下来的 13 年里，巴菲特合伙公司（Buffett Partnership）取得了非凡的业绩，在不使用杠杆的情况下每年都大幅击败标准普尔指数（见表 8-1）。这些成绩，总体上是通过对格雷厄姆深度价值方法的运用而取得的，但也有例外，巴菲特在 20 世纪 60 年代中期进行的两次大额投资，即投资美国运通公司（American Express）和迪士尼公司都没有再遵循格氏理念。这预示着巴菲特的投资哲学将发生翻天覆地的变化，从"烟蒂"转向那些具有强大的竞争壁垒的高质量公司。

表 8-1　巴菲特合伙公司投资结果

年份	巴菲特合伙公司（%）	道琼斯指数（%）	差距（%）
1957	10.4	-8.4	18.8
1958	40.9	38.5	2.4
1959	25.9	20.6	5.3

续表

年份	巴菲特合伙公司（%）	道琼斯指数（%）	差距（%）
1960	22.8	-6.2	29.0
1961	45.9	22.4	23.5
1962	13.9	-7.6	21.5
1963	38.7	20.6	18.1
1964	27.8	18.7	9.1
1965	47.2	14.2	33.0
1966	20.4	-15.6	36.0
1967	35.9	19.0	14.9
1968	58.8	7.7	51.1
1969	6.8	-11.6	18.4
平均值	30.4	8.6	21.8

1965 年，巴菲特通过巴菲特合伙公司收购了伯克希尔–哈撒韦公司的控股权。在接下来的 4 年多时间里，巴菲特带领合伙企业继续取得优异的业绩。1969 年，面对 20 世纪 60 年代末期牛市中高涨的股价，巴菲特突然解散了合伙企业。这并非巧合，同年亨利·辛格尔顿的特利丹公司也停止了收购。不过，巴菲特坚持保留手中的伯克希尔–哈撒韦公司的股权，把它当作开辟未来投资事业的潜在工具。

取得伯克希尔–哈撒韦公司的控股权后，巴菲特立即任命了肯·蔡斯（Ken Chace）为新的 CEO。上任头 3 年，通过降低库存、出售冗余的厂房和设备，另外叠加纺织行业罕见的周期性利润爆发，蔡斯不辱使命，为伯克希尔–哈撒韦公司创造了 1 400 万美元的现金。这笔资金中的绝大部分被用于收购国民赔偿保险公司（National Indemnity Insurance）。这家公司在保险损失和赔付产生之前就能先行收取保费，因此以浮存金的形式获得了大量现金。巴菲特非常高效地使用这些浮存金进行投资，同时购买公开交易的证券和非上市公司，包括《奥马哈太阳报》（*Omaha Sun*）这样一家周报以及伊利诺伊州罗克福德（Rockford）的一家银行。

与此同时，在伯克希尔－哈撒韦公司的事务之外，巴菲特开始与查理·芒格密切合作。查理·芒格也是土生土长的奥马哈人，是一位杰出的律师和投资家，当时的主要业务集中在西海岸。二人惺惺相惜，相见恨晚。当 20 世纪 80 年代初查理·芒格出任伯克希尔－哈撒韦公司的副董事长时，二人开始了正式的合伙，一直到今天。

整个 70 年代和 80 年代早期的伯克希尔－哈撒韦公司年报，持续弥漫着对通货膨胀的担忧。当时人们普遍认为，只有黄金、木材等硬通货才是对抗通货膨胀的有效工具。但是，在查理·芒格的影响下，巴菲特从格雷厄姆的传统方法中蜕变并提出不同见解。巴菲特独辟蹊径地认为：实际上那些资本需求低同时有提价能力的公司，才是抵御通胀侵蚀的利器。

基于以上理解，巴菲特投资了很多拥有“特许经营权”的消费品牌和媒体产业，这些生意或处于市场支配地位，或品牌名称广为人知。伴随着上述投资标准的变化，另一个重要变化是，巴菲特的持股周期也变得越来越长，并由此实现了税前利润的长期复利回报。

巴菲特的这种投资标准和理念的变化，其重要性再怎么强调都不为过。此前，巴菲特注重资产负债表和有形资产，此种投资方法已经得到市场验证并为他带来丰厚利润。但是巴菲特在职业生涯中期就完成了跃迁，找到了另一种完全不同的方法，那就是：着眼未来，强调利润，关注品牌和市场份额等难以量化的资产的价值。为了确定安全边际，巴菲特摒弃了格雷厄姆钟爱的净运营资本计算方法，转而依靠现金流折现法和非公开市场的企业估值。此举引发的争议和同时代鲍勃·迪伦（Bob Dylan）的转变毫无二致，后者完成了从木吉他到电吉他的跃迁。

这种结构性转型也表现在伯克希尔-哈撒韦公司的保险投资组合中，整个20世纪70年代，投资组合中媒体和品牌消费品公司的占比不断上升。70年代结束时转型得以完成，那时，巴菲特投资组合已经拥有喜诗糖果（See's Candies）和《布法罗新闻》（*Buffalo News*）的全部股权，以及《华盛顿邮报》、盖可保险和通用食品的大量股票头寸。

1981—1985年，巴菲特专注于在投资组合中增加非上市公司，比如，1983年以6 000万美元收购内布拉斯加州的家具百货公司，1985年以3.15亿美元收购了一家企业集团斯科特·费策尔公司（Scott Fetzer）。1986年，巴菲特进行了截至当时的最大一笔投资，投入5亿美元帮助朋友——大都会通信公司的CEO汤姆·墨菲收购了美国广播公司。巴菲特和伯克希尔-哈撒韦公司最终持有合并后的大都会通信公司18%的股份，大都会通信公司成为巴菲特所谓的“永久”持有的第三家公司，另外两家是盖可保险和《华盛顿邮报》。

· 转折点：喜诗糖果 ·

1972年，巴菲特和查理·芒格出价2 500万美元收购了喜诗糖果，这是巴菲特将投资重点从“烟蒂”转向“特许权”的关键。当时，喜诗糖果的有形账面净资产为700万美元，税前利润为420万美元。看上去收购价居然是账面净资产的3倍多，不过只有税前利润的 6 倍。以格雷厄姆的标准来看，收购代价如此之高的公司，他永远不会碰。然而，巴菲特和查理·芒格却意识到：喜诗糖果作为一个深受消费者喜爱的品牌，拥有优异的资本回报率和尚未启动的定价权。为了发掘这个机会的价值，他们立即任命查克·哈金斯（Chuck Huggins）为新任 CEO。

在喜诗糖果被收购之后，其单位产量并没有显著增长，但由于其品牌的力量，产品可以持续提价。最终，伯克希尔 - 哈撒韦公司的此笔投资在前 27 年里获得了惊人的年化 32% 的复利回报。1999 年后，喜诗糖果的业绩不再单独公布。

在过去的 39 年中，最初投资于喜诗糖果的 2 500 万美元为伯克希尔 - 哈撒韦公司提供了 16.5 亿美元的自由现金流。这些现金流被技艺高超的巴菲特成功赋能，进行再投资。喜诗糖果注定是伯克希尔 - 哈撒韦公司成功的关键基石。有趣的是，当初的收购价对高回报率贡献无多。即使巴菲特和查理·芒格当时付出两倍的价格，回报率仍会达到非常诱人的水平，即年化 21%。

1987 年，在 10 月美股崩盘之前，巴菲特已经卖出了其保险投资组合中的所有股票，仅保留 3 家核心公司。完成大都会通信公司的交易后，巴菲特没有在公开市场再进行过投资。直到 1989 年，巴菲特宣布伯克希尔 - 哈撒韦公司历史上的投资规模再创新高：用相当于伯克希尔 - 哈撒韦公司账面资产 1/4 的资金买下可口可乐公司 7% 的股份。

20 世纪 80 年代末期，巴菲特配置了少量的上市公司可转换债券，包括所罗门兄弟（Salomon Brothers）、吉列、美国航空和冠军产业公司（Champion Industries）。这些可转债的利息享有税收优惠，为伯克希尔 - 哈撒韦公司提供了诱人的利润，并且如果公司运营良好，把债券转换为普通股后还存在溢价空间。

1991 年，所罗门兄弟公司成为一起重大财务丑闻的焦点，该公司被指控在政府国债竞标中进行价格操纵，巴菲特临危受命成为所罗门兄弟公司的 CEO。巴菲特全心投入，花了 9 个多月的时间与政府斡旋，任命新 CEO，并试图厘清所罗门兄弟公司那拜占庭皇宫般复杂的薪酬体系。最终，所罗门兄弟公司支付了一笔相对数额较小的罚金并恢复了昔日的繁荣。1996 年末，桑迪 · 威尔（Sandy Weill）的旅行者集团（Travelers Corporation）以 90 亿美元的价格买下了所罗门兄弟公司，巴菲特赚得盆满钵满。

20 世纪 90 年代初，巴菲特继续在公开市场对精选标的进行大额投资，他持股较多的有富国银行（1990 年）、通用动力公司（1992 年）和美国运通公司（1994 年）。10 年时光流逝，巴菲特将注意力再次转回到并购上，并在保险领域的两项重大交易中达到高潮：1996 年以 23 亿美元收购了盖可保险剩余的一半股权；1998 年以价值 220 亿美元的伯克希尔 – 哈撒韦公司股票收购了通用再保险公司，最大交易额也再度改写。

无界，臻于化境的投资之神

从 90 年代后期到 21 世纪初，巴菲特逮住机会就买入非上市公司，比如肖氏地毯公司（Shaw Carpets）、本杰明 · 摩尔涂料公司（Benjamin Moore Paints）和克莱顿家居公司（Clayton Homes）。“9 · 11”恐怖袭击使得很多非上市公司都被市场打入冷宫，因此收购价格较为低廉。巴菲特还通过中美洲能源公司（MidAmerican Energy）在电力行业进行了一系列重要投资。

中美洲能源公司是巴菲特与奥马哈老友沃尔特·斯科特（Walter Scott）的合资企业，后者也是吉威特建筑公司（Kiewit Construction）的前任 CEO。

在此期间，巴菲特还活跃在传统股市以外的各种投资领域。2003 年，巴菲特在垃圾债券上下了 70 亿美元的重注，获得丰厚利润后随即抛售；2003 年和 2004 年，巴菲特用 200 亿美元押注美元贬值。2006 年，巴菲特宣布了伯克希尔－哈撒韦公司的第一次国际并购：以 50 亿美元收购以色列的艾斯达公司（Istar）。艾斯达公司是行业领先的刀具和刀片制造商，被收购后，在伯克希尔－哈撒韦公司的羽翼下日渐繁荣。

在接下来的几年里，巴菲特按兵不动，直到雷曼兄弟公司破产引发了金融危机他才再度出山。出山后横刀立马，而这一时期也成为巴菲特职业生涯中最活跃的时期之一。这一时期的决战发生在 2010 年初，伯克希尔－哈撒韦公司购买了美国最大的铁路公司伯灵顿北方圣达菲铁路公司（Burlington Northern Santa Fe），这家公司的总估值达到 342 亿美元。

我们来看看这些云泥之别的数字。从 1965 年 6 月巴菲特接管伯克希尔－哈撒韦公司到 2011 年，公司股价实现了惊人的年化 20.7% 的复合增长率，使得同期标准普尔 500 指数年化 9.3% 的回报率相形见绌。在巴菲特接管时，如果投资 1 美元给他，45 年后会变成 6 265 美元；如果在他首次进行股票交易时投资 1 美元，那么其价值会变成 1 万美元；同样的钱投资标准普尔 500 指数则只能得到 62 美元（见图 8-1）。

在巴菲特的漫漫任期中，伯克希尔－哈撒韦公司的回报率超过标准普尔 500 指数百倍之多，这是杰克·韦尔奇时代的通用电气以及任何一位同行所无法企及的。

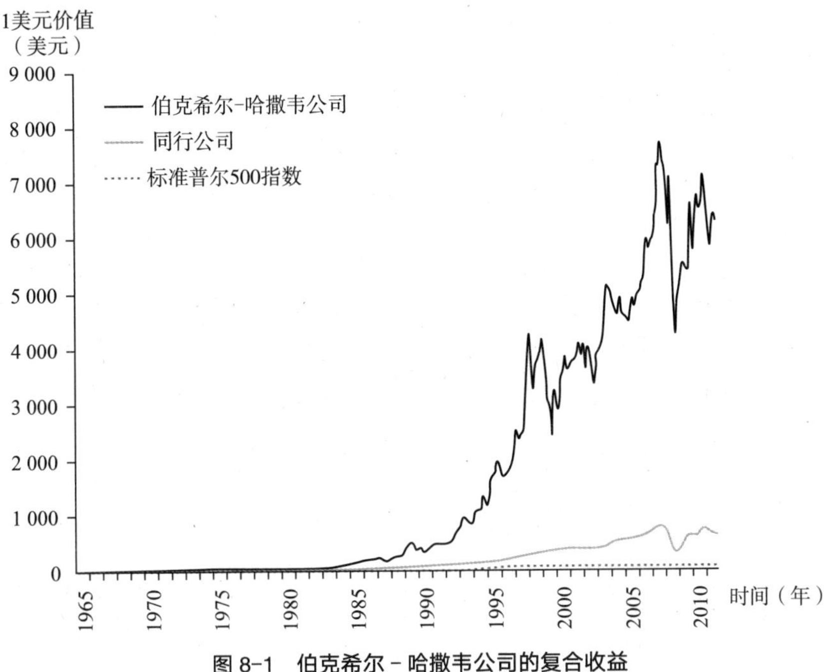

图 8-1 伯克希尔－哈撒韦公司的复合收益

资料来源：根据证券价格研究中心数据制作。

The 沃伦·巴菲特的方法 Outsiders

巴菲特的卓越业绩来自他在 3 个重要且内在关联的领域采用了独特的方法，这 3 个领域是资本生成、资本配置和运营管理。

查理·芒格曾说过，伯克希尔 - 哈撒韦公司长期成功的秘诀在于，它有能力“以 3% 的成本获得资金，然后用它们投资，获得 13% 的收益”，这种持续获得可用于投资的低成本资金的能力，帮助该公司在金融领域取得了成功。但是一直以来，这种能力的作用都被人们低估了。[1] 值得注意的是，巴菲特几乎完全回避了借债和发行股票的方法来获得资金，伯克希尔 - 哈撒韦公司差不多所有的投资资本都是内部生成的。

低成本的“浮存金”

尽管全资子公司的运营和偶尔出售投资标的也为伯克希尔 - 哈撒韦公司提供了大量现金，但是其主要资金来源却是那些保险子公司的浮存金。实际上，巴菲特在伯克希尔 - 哈撒韦公司创造了一个资本“飞轮”：从上述来源获得的资金被用来收购其他企业的全部或部分股权，这些企业自身又能产生现金，这些现金继续被用于新的投资，如此往复。

在很大程度上，保险业务是伯克希尔－哈撒韦公司最重要的业务，也是公司业绩非凡增长的关键所在。巴菲特对保险业务形成了独特的管理方法，与他在资本配置和运营管理方面的举措相比，有很多奇妙的相似之处。

在 1967 年收购国民赔偿保险公司时，巴菲特是最早认识到保险公司有能力产生低成本浮存金的内在杠杆的人物之一。用巴菲特的话来说，这次收购是伯克希尔－哈撒韦公司历史上的“分水岭”。巴菲特解释道：“浮存金是我们持有但不拥有的资金。保险公司在运营过程中，在损失和赔付之前就收取了保费，所以有了浮存金。保费收取和损失赔付之间有时会经过很多年，在此期间，保险公司用这笔钱去进行投资。”[2] 这是另一个不走寻常路的例子，当时业内的其他人士却根本无视这一点。

随着时间的推移，巴菲特逐渐形成了运营保险业务的独特战略，他一方面强调承保必须有利可图，另一方面强调浮存金的生成而非保费收入的增长。这种方法和其他大多数保险公司迥然不同，它有赖于对待业务的不同意愿：在保险定价较低时，即使损失短期盈利也要避免承保；相反，在保险定价有吸引力时，则应该放开手脚承接大量业务。

此种方法的运用，导致了保险业务虽有起伏，但最终的盈利却很可观，例如，1984 年，伯克希尔－哈撒韦公司旗下最大的财产和意外险公司国民赔偿保险公司的保费收入达到 6 220 万美元。两年后，这个数字惊人地增长了约 5 倍，达到 3.662 亿美元。1989 年该数字又回落了 73%，保费收入为 9 840 万美元，并且在接下来的 12 年里再也没有回到 1 亿美元的水平。到了 2004 年，该公司的保费收入超过 6 亿美元。在此期间，国民赔偿保险公司的平均年化承保利润是保费收入的 6.5%；相比之下，同时期的财产和意外险公司的平均年化数据却是亏损 7%。

对于一家独立的上市保险公司来说，这种犬牙交错的收入模式（见图 8-2）是无法向华尔街交差的。然而，由于多家保险子公司只是伯克希尔-哈撒韦公司这个巨型多元化公司的分支，从而让它们躲过了华尔街的审查。由此促成了一个重要的竞争优势：国民赔偿保险公司和伯克希尔 - 哈撒韦公司旗下的其他保险子公司得以专注于盈利能力的提升，而不是保费的增长。正如巴菲特所说："在回报方面，我和查理・芒格总是宁可要起伏的 15%，也不要平稳的 12%。"[3]

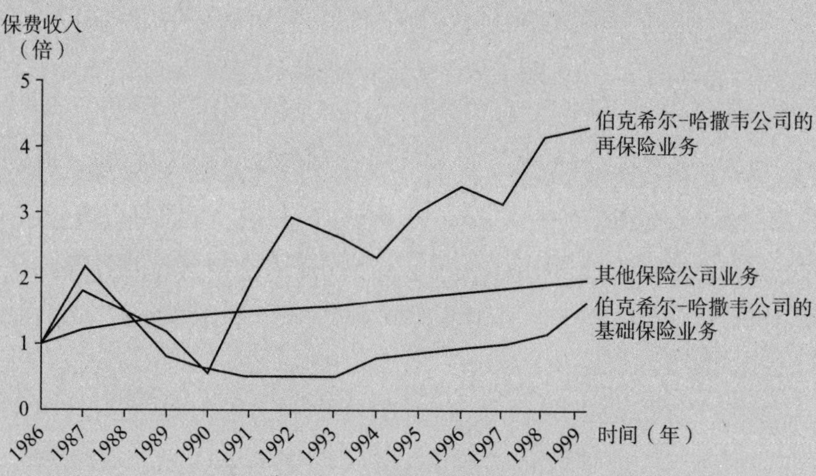

图 8-2　伯克希尔 - 哈撒韦公司的保费增长曲线比整个行业波动幅度更大

资料来源：其他保险公司保费数据来源于"贝斯塔保险合计与平均"（Best's P&C Insurance Aggregates and Averages）中的承保保费总额。伯克希尔 - 哈撒韦公司的数据来源于其年报。

这一时期，伯克希尔 - 哈撒韦公司所有保险业务的浮存金都实现了巨额增长，从 1970 年的 2.37 亿美元增长到 2011 年的 700 多亿美元。这种不可思议的低成本资金就像火箭燃料，推动着伯克希尔-哈撒韦公司业绩的惊人飙升。而且，正如我们将看到的那样，按兵不动和果断出手交相辉映，也反映了伯克希尔-哈撒韦公司种种投资活动背后的模式。无论在保险还是投资领域，巴菲特认为长期成功的关键在于“性情”，性情决定意愿，即“别人贪婪时恐惧，别人恐惧时贪婪”。[4]

伯克希尔-哈撒韦公司的另一个重要资金来源是旗下全资公司的经营利润。在过去 20 年里，随着巴菲特大力扩张伯克希尔-哈撒韦公司的企业版图，这些利润变得越来越重要。1990 年，全资公司的税前利润为 1.02 亿美元；2000 年这一数字为 9.18 亿美元，复合增长率为 24.5%；到 2011 年，这个数字更是达到了惊人的 69 亿美元。

投资选项越多，竞争优势越大

伯克希尔-哈撒韦公司运营中产生的资金就如同不断涌出的喷泉。现在我们把注意力转向巴菲特是如何调度这些资金的。每收购一家公司，巴菲特做的第一件事就是控制它的现金流，并坚持把多余的现金送回奥马哈进行配置。正如查理·芒格指出的那样：“与非常分散的经营权不同，伯克希尔-哈撒韦公司的资本配置权是高度集中的。”[5] 这种松散与紧密、授权与集权混合的政策，其他商界局外人的公司也都在采用，但通常情况下没有像伯克希尔-哈撒韦公司这样用到极致。

来到伯克希尔-哈撒韦公司之前，巴菲特已经是一位极其成功的投资者，他正是配置伯克希尔-哈撒韦公司资本的最佳人选。大多数 CEO 只面对过本行业内的投资机会，因此都如同刺猬一般陷入了经验的窠臼。相比之下，巴菲特是最典型的“狐狸”。得益于此前对各种证券和行业投资评估的经验，巴菲特的优势在于拥有更多的资本配置选项，包括收购非上市公司和购买公开交易的股票。简而言之，一个 CEO 拥有越多的投资选项，他就越有可能做出高回报的投资决定。就伯克希尔 - 哈撒韦公司而言，投资选项的多样性已经转化为它的一个重要竞争优势。

巴菲特的资本配置方法天下无双：他从不派发股息或大量回购股票。取而代之的是，由于伯克希尔 - 哈撒韦公司旗下的公司通常不需要资本投入，巴菲特则关注对上市交易的股票进行投资以及收购非上市公司。大多数 CEO 没有巴菲特那样丰富的投资经验，所以对他的投资选项也只能望尘莫及。不过，在研究这两个选项之前，我们先来审视他早期的一个关键决策。

和纺织业短暂的卿卿我我之后，巴菲特很早就做出选择：不再进一步投资伯克希尔 - 哈撒韦公司低回报的历史遗留业务西装衬里，而是聚集纺织部门所有的冗余资本，然后将其部署到其他领域。与此形成对照的是，当时和现在都是纺织业中最大龙头的伯灵顿工业公司（Burlington Industries）则选了另一条道路：1965—1985 年，它将所有获得的资金都投入到已有业务中。20 年间，伯灵顿工业公司股票的年增长率只有微不足道的 0.6%；伯克希尔 - 哈撒韦公司股票的复合回报率则达到惊人的 27%。二者的不同结果告诉我们关于资本配置的一个重要寓言：遇到回报诱人的生意，就与它结伴而行；遇到回报不佳的生意，逃之夭夭也很重要。

“与君结伴或一拍两散”是伯克希尔 - 哈撒韦公司的一个关键决策，由此也引申出对待资本配置的基本观点。相比收购等更吸引人的行为，资本配置不太受人关注，而它的重要之处在于，资本配置决定着企业的哪些业务因回报率低而不值得未来继续投资。关闭或出售前景不佳的业务，并将它们的资本集中在回报能够满足内在增值目标的业务上时，那些作为CEO的商界局外人通常都很决绝。正如巴菲特在1985年最终关闭伯克希尔-哈撒韦公司的纺织业务时所说："如果你发现自己身处一条老旧的破船上，那么更有效率的做法是花精力换一条船，而不是去补漏。"[6]

集中且长期持有

巴菲特最有名的还是在股票市场的投资，在他担任CEO的前25年里，股票市场是伯克希尔-哈撒韦公司资本配置的主要渠道。无论用什么标准衡量，巴菲特的公开市场回报的战绩都很骄人，这可以从不同的角度来观察。正如我们所看到的，1957—1969年，巴菲特合伙企业的平均回报率为30.4%；而《货币周刊》（*Money Week*）杂志的一项研究表明，1985—2005年，伯克希尔-哈撒韦公司的投资回报率高达25%。[7]

股票投资对伯克希尔-哈撒韦公司总体收益的重要性毋庸置疑，并且以它为窗口我们才得以窥探巴菲特更广泛的资本配置哲学。因此，我们有必要仔细观察一下巴菲特在公开市场投资方法中的一个特殊方面：投资组合管理。投资组合管理就是一个投资者持有多少只股票以及持有多长时间，它对收益有着巨大的影响。两个投资理念相同但组合管理方法不同的投资者，其结果是截然不同的。巴菲特在伯克希尔-哈撒韦公司股票投资的管理方法上，有两个重要特征区别于他人：高度集中和极长的持有期。在这两个方面，巴菲特的思考都与传统理念相悖。

巴菲特认定集中的投资组合会带来超常的回报，也认定优秀的投资理念是很稀有的。巴菲特曾多次告诫学生，如果在职业生涯之初他们就拿到一张穿孔卡片，上面的 20 个孔洞代表着投资生涯中可以进行的投资总数，那么他们的投资结果会比现在有所改观。正如巴菲特在 1993 年年报中做出的总结："我们相信，在买入之前，如果投资者对一项生意深思熟虑，如果他们对生意的商业特性感到更加安心（他们本应如此），那么投资组合的集中策略可以很好地降低风险。"[8]

巴菲特在伯克希尔 - 哈撒韦公司的投资模式与其保险子公司的承保模式相类似，他长期按兵不动，但是一动就是大手笔的投资。在伯克希尔 - 哈撒韦公司的投资组合中，排名前 5 位的持仓总和通常显著地占据公司总资产的 60% ～ 80%，而在典型的共同基金投资组合中，这一比例为 10% ～ 20%。巴菲特至少有 4 次将伯克希尔 - 哈撒韦公司账面价值 15% 以上的资产投资于一只股票，他还曾将巴菲特合伙公司 40% 的资金投资于美国运通公司。

巴菲特投资组合管理方法的另一个显著特点是超长的持有期。2011 年，除了于当年购买的 IBM 股票外，巴菲特的前五大持仓股票平均持有时间超过 20 年；相比之下，典型的共同基金的平均持有期还不到一年。也就是说，巴菲特投资的活跃度极低，他称之为"无所事事，近乎懒惰"。

高度集中和极长的持有期这两条投资原则结合在一起，形成了一个强有力的、具有高度甄别性的过滤器，极少有公司能顺利通过筛选。

有趣的是，尽管巴菲特一直倡导股票回购，但他是本书中唯一一位没有大量回购自己公司股票的 CEO（早期有过几次例外，买回了少量股票）。尽管巴菲特欣赏并鼓励其他 CEO 进行回购，自己却一直认为，对伯克希

尔 – 哈撒韦公司而言，回购有悖于其独特的、合作伙伴式的企业文化，并可能会破坏多年来通过诚实直率的沟通和出色的回报所建立的信任纽带。

话虽如此，面对机会却坐以待毙，那绝不是巴菲特。曾经有两个时间段，伯克希尔 – 哈撒韦公司股票的交易价格远低于其内在价值，此时巴菲特打破常规尝试回购。一次是在 2001 年初，当时互联网泡沫破灭，伯克希尔 – 哈撒韦公司股价暴跌；更近的一次是在 2011 年 9 月，当时巴菲特宣布将以不高于账面价值 1.1 倍的价格回购大量股票。在这两次事件中，伯克希尔 – 哈撒韦公司的股价都迅速上涨，从而阻止了更大数量的回购。

伯克希尔 – 哈撒韦公司资金的另一个主要出口是收购非上市公司，在过去的 20 年里，这已悄然成为巴菲特的主要投资渠道，并在 2010 年初大规模收购伯灵顿北方圣达菲铁路公司时达到顶峰。针对收购，巴菲特自创了一套举世无双的方法体系。表 8-2 将该方法体系与传统的私募股权公司的方法进行了比较。

表 8-2 巴菲特与私募股权公司对非上市公司收购方法的比较

比较项目	巴菲特	私募股权公司
持有期	永远	5 年以内
管理层	现任 CEO 留任	新任 CEO 上任（经常）
杠杆	从不使用	大量使用
交易方式	直接购买	拍卖获得
收购后的管理互动	偶尔	经常
成本削减	从不	经常
尽职调查	粗略	详尽
咨询外部顾问	从不	总是
薪酬体系	简单	复杂

·两种有趣的模式·

对于那些有兴趣深入研究巴菲特在股票市场投资的人来说，还有两种模式值得注意。

第一个是根深蒂固的逆势而为。巴菲特经常引用本杰明·格雷厄姆关于“市场先生”的比喻：“有一个叫‘市场先生’的家伙总是很热情，他每天都会出现，要么从你那买入，要么卖给你……这家伙越是狂躁抑郁，投资者就越能获得更大的投资机会。”（伯克希尔－哈撒韦公司 1977—2011 年年报。）当格雷厄姆的“市场先生”抑郁到极点之时，巴菲特却在稳步地大举买入。伯克希尔－哈撒韦公司在公开市场主要的大笔投资都以某种行业或公司危机为契机，这些危机掩盖了有巨大潜力的公司业务的价值，表 8-3 表明了这一点。

表 8-3　巴菲特的逆势而为

公司	初始投资时间（年）	逆势而为的背景
美国运通	1964	色拉油丑闻
《华盛顿邮报》	1973	政府广电执照危机
盖可保险	1976	潜在的破产危机
富国银行	1989	南加州衰退和房地产危机
房地美	1989	经济萧条和存贷危机
通用动力	1992	后冷战时期国防工业衰退

第二种模式在于，投资时机要与重大的管理或战略转变相契合。当一家拥有优秀的“特许经营权”业务的公司投资了其他低回报的业务时，就会出现投资机会。巴菲特用业余选手和职业选手混搭的高尔夫赛事对这种投资机会做出比喻：“即使所有的业

余选手都是毫无得分希望的傻瓜，凭借职业选手独占鳌头的技术依然可以得到最佳击球分数，整个球队也会因此备受尊崇。”（伯克希尔-哈撒韦公司 1989 年年报。）当巴菲特看到新的管理团队将业余人士从赛场上的 4 人组中除名，并将注意力重新放在公司的核心业务上时，他就会密切关注，如表 8-4 所示。

表 8-4　巴菲特密切关注混搭模式

公司	投资时间（年）	管理或战略转变
盖可保险	1976	聚焦核心保险业务，新 CEO 上任，已经持有其股份
通用食品	1979	聚焦核心品牌，新 CEO 上任，进行回购
可口可乐	1988	剥离非核心业务，进行回购
通用动力	1992	剥离非核心业务，进行回购，新 CEO 上任
美国运通	1994	剥离雷曼兄弟公司，新 CEO 上任，已经持有其股份

巴菲特为大型非上市公司的卖家创造了一个极具吸引力且差异化程度高的新选项，它介于首次公开募股和出售给私募股权投资者之间。出售给伯克希尔-哈撒韦公司可以享受无与伦比的待遇，它允许公司原来的所有者或经营者获得流动资金，同时在无投资人干扰和无华尔街监管的情况下继续经营公司。巴菲特提供了一个完全摒弃官僚作风的公司环境，并为有价值的项目提供无限的资金支持。这套方案与私募股权公司的方案有很大区别，后者的方案中允许投资人深度介入公司管理，并且通常在 5 年的持有期后会再次卖出公司。

巴菲特从不参与拍卖。正如中美洲能源和利捷航空（MidAmerican Energy and NetJets）的 CEO 戴维·索科尔（David Sokol）告诉我的那样：“我们绝不会被竞价的兴奋冲昏头脑。”[9] 相反，引人注目的是，巴菲特创造了一种机制，在这种机制中，顶尖的非上市公司的所有者都会给他致电。巴菲特拒绝谈判桌上的价格拉锯战，而是让有意出售的卖家与他联系并报价。巴菲特承诺“通常在 5 分钟或更短时间内”给出答案。[10] 这一承诺逼迫潜在的卖家第一时间给出他们的底价，并确保巴菲特在这短短的 5 分钟之内做出决策。

巴菲特没有在传统的尽职调查上花费大量时间，而是以超乎寻常的速度，通常是在第一次接触后的几天之内就达成交易。在决定收购之前，巴菲特从不参观企业的运营设施，也很少与其管理层会面。汤姆·墨菲告诉我：“大都会通信公司是伯克希尔－哈撒韦公司有史以来最大的投资之一……只花了 15 分钟就谈妥了交易，并就条款达成一致。”[11]

作为授权管理的大师，巴菲特却从未就资本配置决策进行过授权。伯克希尔－哈撒韦公司没有商务拓展团队或投资委员会；除了查理·芒格之外，巴菲特从不依赖投资银行家、会计师或律师的建议，他自己做分析工作并亲自处理所有谈判。巴菲特从不看中介机构提供的预测，而更愿意关注历史财务报表，然后做出自己的判断。巴菲特之所以行动迅速，是因为只收购那些自己熟知领域的公司，如此一来便能迅速聚焦关键的运营指标。查理·芒格在谈到伯克希尔－哈撒韦公司的收购方式时说：“我们不试图进行收购，我们只是坐等无脑买入的机会。”[12]

良性的无政府状态

除了是他同代人中最伟大的投资者外，事实证明，面对伯克希尔－哈撒韦公司经营业务的日益增长和多元布局，巴菲特还是一位极有效率的管理者。在过去的 10 年里，伯克希尔－哈撒韦公司的每股收益大幅增长，尽管公司规模庞大、业务多元，但公司的运营效率非常高，它的有形资产回报率一直位居《财富》500 强公司的前 1/4。

那么，巴菲特是如何实现这些经营业绩的呢？将他的方法与杰克·韦尔奇的进行比较（见表 8-5），不难看出巴菲特和蔼可亲的外表之下，呈现的是一个非同寻常的 CEO。杰克·韦尔奇在通用电气推行的体系风风火火，它强调集权的战略举措，强调 CEO 轮换制以及马不停蹄的出差和会议节奏。尽管巴菲特非常钦佩杰克·韦尔奇的能力，但是他们管理风格的反差极富戏剧性。

表 8-5　杰克·韦尔奇和巴菲特管理方法的比较

比较项目	杰克·韦尔奇	巴菲特
盈利模式	平稳	震荡
雇员人数	40 万	27 万
总部人员	数千人	23 人
出差	非常多	几乎不
主要活动	会议	阅读
投资者关系维护时间	大量	无
工作日节奏	狂热、繁忙	安静、无固定日程
更换管理层	大量	几乎不
场外会议	经常	从不
战略规划	定期	从不
股票分拆	是	否

巴菲特在没有任何相关运营经验的情况下承担起 CEO 的角色，他有意识地建构伯克希尔-哈撒韦公司，让其允许自己把时间集中花在资本配置上，而尽可能少地花在运营管理上，对于运营他觉得自己无所作为。这样做的结果就是，运营管理的极度分权成为伯克希尔-哈撒韦公司体系的

标志。如果说特利丹公司、大都会通信公司和本书中的其他公司拥有分权管理的风格与理念，那么相比之下，伯克希尔 - 哈撒韦公司奉行的就是彻头彻尾的无政府主义。

在拥有超过 27 万名雇员的公司中，奥马哈公司总部只有 23 个人。伯克希尔 - 哈撒韦公司旗下的公司不用召开定期的预算会议，子公司的 CEO 们除了主动给巴菲特打电话寻求建议或者为业务争取资金外，几乎从没接到过巴菲特的电话。巴菲特把这种管理方法总结为“雇得好，管得少”，并且相信这种极致的分权方式可以削减开支并释放企业活力，从而提高组织的整体效率。[13]

避免同侪压力的影响

在 1986 年的伯克希尔 - 哈撒韦公司的年报中，巴菲特描述了一个现象，正如我们在引言中看到的那样，这就是拥有惊人力量的“惯性驱使”，它导致管理者盲目地模仿同行。巴菲特经常引用丘吉尔的名言并洞悉其中的深意，他有意识地构建自己的公司和生活并避免它们对自己的驱使。与其他《财富》500 强公司的 CEO 的时间安排不同，巴菲特自己管理自己的日程以免无谓的干扰，并且保留不被干扰的阅读和思考时间（每天要阅读 5 份报纸和数不清的年度报告）。巴菲特为保有一张空白的日程表、完全没有例会而感到自豪，他的办公室里没有电脑，也没有股票报价机。

巴菲特处理投资者关系的方法也很独特，而且是原创的。巴菲特估计 CEO 们平均花费 20% 的时间与华尔街沟通。相比之下，巴菲特从不花时间见分析师，从不出席投资会议，也从不提供季度的盈利报告。巴菲特更喜欢通过详尽的年报和年度大会与投资者沟通，这两种方法独步天下。

伯克希尔 - 哈撒韦公司的年报印刷在普通的无涂层纸上，配以简洁的单色封面，看起来就与其他公司的年报不同。这份报告的核心是巴菲特撰写的详细回顾公司过去一年中各项业务的长篇文章，其中，卡罗尔 · 卢米斯（Carol Loomis）提供了编辑方面的协助。文章风格直接、形式活泼、内容简洁明了，堪称典范；报告包括每个运营部门的详细信息以及一本“所有者手册”，手册清晰地勾勒出巴菲特和查理 · 芒格与众不同的运营理念。

伯克希尔 - 哈撒韦公司的年度大会也是独一无二的。会上管理团队代表发言的部分一般不超过 15 分钟，之后在长达 5 个小时的时间里，巴菲特和查理 · 芒格回答股东提问。年会吸引了大量的人群，其中超过 3.5 万人参加了 2011 年的会议。巴菲特喜欢把年度大会称作“资本主义的伍德斯托克①狂欢节”。[14] 年度报告和大会强化了重视节俭、崇尚独立思考和长期管理的强大的企业文化。除此以外，年度大会还充满着奇思妙想和幽默感。巴菲特在 20 世纪 90 年代初做了一件出格的事，购买了一架公务飞机，他戏称其为“不可原谅号”，并在年报中以滑稽的小号字体进行了披露。

另一种非传统股东的做法与股票分拆有关。众所周知，巴菲特一直避免分拆伯克希尔 - 哈撒韦公司的 A 股，2011 年 A 股的股价超过 12 万美元，是纽约证券交易所股票中价格第二高者的 50 多倍。巴菲特认为股票分割纯粹是为了粉饰门面，并把这个过程比作将一个比萨四刀分成八块：比萨分割前后的卡路里没有发生变化，股票分拆前后资产的价值也没有变化。

① 伍德斯托克（Woodstock）是位于美国纽约州北部的一个城镇，因伍德斯托克音乐节而著名。——编者注

避免股票分拆形成了另一个过滤器，它有助于伯克希尔 - 哈撒韦公司自主选出其股票的长期持有人。1996 年，巴菲特勉强同意创建一个价格较低的 B 类股，其交易价格为 A 股的 1/30，并成为纽约证券交易所价格第二高的股票。与此相关的是，在 2010 年初与伯灵顿北方圣达菲铁路公司的交易中，顾及该铁路公司的小额投资者，巴菲特同意将 B 股按照 50：1 的比例进一步分拆。

以上所有这些加起来，比商业或投资战略更强大，巴菲特已经形成了一种世界观，其核心是强调与优秀的人和企业建立长期关系，避免不必要的变化。这种变化会中断经济复利增长的强大链条，而这种复利链条正是创造长期价值的精髓。

·巴菲特和《萨班斯 - 奥克斯利法案》·

巴菲特治理公司的方法也有别于传统，并与《萨班斯 - 奥克斯利法案》中的许多条款相冲突。巴菲特认为，最好的董事会是组成人数较少（伯克希尔 - 哈撒韦公司仅有 12 名董事），董事们拥有丰富的商业经验并持有公司大量的股票。巴菲特要求所有董事把大笔的个人资金投资于伯克希尔 - 哈撒韦公司的股票。巴菲特坚信董事们应该对糟糕的决策承担后果（伯克希尔 - 哈撒韦公司不为其董事提供保险），坚信董事们不应该依赖董事费收入。因此，伯克希尔 - 哈撒韦公司的董事费是最低的。

按照《萨班斯 - 奥克斯利法案》的标准，这种做法带给巴菲特的是一小撮“内部人”，这与大多数上市公司的董事会形成鲜明对比。后者的成员很少同股东一起向公司投入大笔个人资金，他们的损失有保险托底，董事费通常在总收入中占比很高。

哪种方法能更好地让董事与股东结成同盟呢?

实际上，理解巴菲特最好的方式是把他当作一个经理人、投资者或哲学家，其主要目标是减少变化。伯克希尔-哈撒韦公司许多打破常规的政策都有一个共同的目标，那就是选择与最优秀的人和企业为伍，以此降低由于管理者、投资人或股东流失带来的巨大财务成本和人力成本。对巴菲特和查理·芒格而言，在选择与优秀者同行及避免不必要的改变之间，存在令人信服的、禅宗般的逻辑。这不仅是一种可以获得可观经济回报的方式，而且是一条可以获得更为平和生活的大道；在他们可传授的众多经验中，这些长期关系背后的力量可能是最重要的。

伟大的 CEO 都善于打好手中的牌

本杰明·格雷厄姆	你之所以正确，不是因为别人的赞同，而是因为你的事实正确以及推导合理。
威廉·德莱赛维茨（William Deresiewicz）， 2009 年 10 月西点军校新生讲座	一个人之所以成为领导者，那是因为他能够独立思考。

通过图 9-1，让我们来回顾一下，投资局外人 CEO 的 1 美元其最终价值与投资同行、大盘和杰克·韦尔奇的不同。

图 9-1 令人印象深刻，数字也不言自明，它很好地概括了这些杰出高管的成就。然而，这些惊人的记录大部分是在 20 世纪收集的。这就引出一个问题：在当今快速变化的竞争环境中，这些局外人 CEO 的经验和教训对管理人和投资人是否仍然有意义呢？答案在两家更为年轻的公司中得到了证实：一家是小公司，预付费法务公司（Pre-Paid Legal）；另一家是

大公司，埃克森美孚公司（ExxonMobil）。

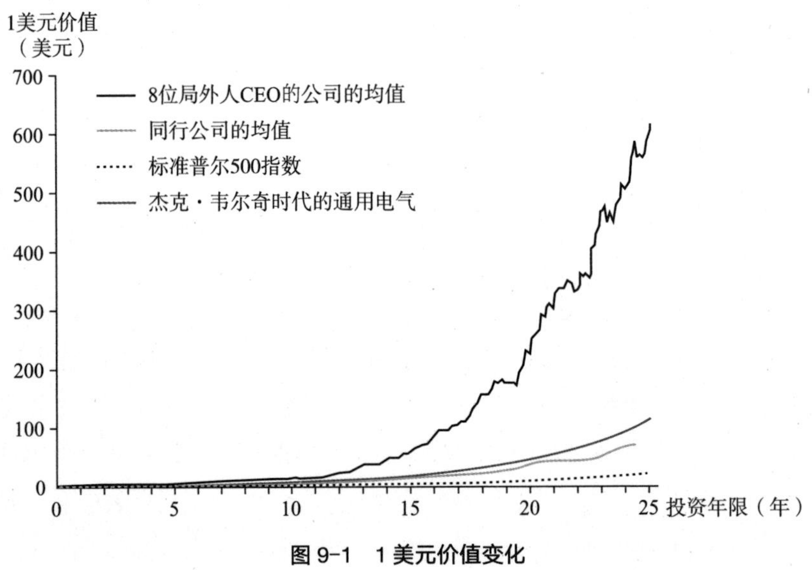

图 9-1　1 美元价值变化

预付费法务公司直到 2011 年还是一家上市公司，它向个人和企业出售法律服务方案。这种法律服务方案实际上是一种保险产品：客户提前缴纳年费后，未来一年发生包括诉讼、房地产、信托和遗嘱等方面的法律需求时，就可以得到免费的法律服务而无须缴费。这种服务方案的推出时间是 20 世纪 70 年代，而在整个 80 年代和 90 年代，预付费法务公司的业务都在迅猛增长。有趣的是，该公司在经历了最初一轮强劲增长后，其营业收入在之后的 10 年中几乎停滞。

预付费法务公司业绩快速增长之后随之长期停滞，从历史上看，这样的模式是股市大幅下跌的罪魁祸首。但是，在同一时期内，预付费法务公司的股价却上涨了 4 倍，大大超过了市场和业内同行。预付费法务公司是如何取得如此战绩的呢？从 1999 年底开始，该公司 CEO 哈兰・斯通西弗（Harland Stonecipher）意识到，他所处的市场已经饱和，为了增长而追加投资已经不太可能获得高收益的回报。在董事会的敦促下（其董事会里有几位大投资人，这对于一家上市公司来说不太常见），斯通西弗开展了一系列的、积极优化自由现金流的项目，并通过积极的股票回购计划，有步骤地将资本返还给股东。在接下来的 12 年里，斯通西弗回购了 50% 以上的流通股，赢得了股东和股票市场持续的掌声，2011 年 6 月他同意将公司以高额溢价出售给一家私募股权公司。

预付费法务公司属于少数人控股的小公司，可能不足以说明问题，因此在那些大公司中找到另一个例子就显得尤为重要。接下来是个绝对的大公司，它就是埃克森美孚公司，一度是全世界市值最大的公司。自 1977 年以来，埃克森美孚公司以及后来的埃克森石油公司为其投资者创造了惊人的 15% 的年复合回报率。鉴于其规模，这确实是一个很了不起的纪录，令市场和同行相形见绌。当探究其管理者是如何取得这些成果时，我们会发现他们的做法与局外人 CEO 们有很多惊人的相似之处。

局外人视角的 8 个特点

特点 1，总是做数字运算

局外人 CEO 们总是先询问：回报是多少？每一项投资都会产生回报，涉及的运算其实只是小学五年级的算术，但这些 CEO 始终如一地做着小学数学题，他们使用保守的假设，只推进那些能够提供令人信服的回报的项目。他们专注于关键性的假设，不相信过于详尽的电子表格；他们自己进行分析，也不依赖于下属或顾问。这些局外人 CEO 认为，财务分析的价值取决于假设的质量，而不是报告的页数。他们中的许多人开发了简洁的、一页纸就能写完的财务分析模板，让员工们关注公司发展中的关键变量。

在丹尼尔·卡尼曼（Daniel Kahneman）① 的优秀著作《思考，快与慢》（*Thinking, Fast and Slow*）中，他阐述了一个人类决策的模型，该模型是他历时 30 年的研究成果，并因此获得诺贝尔经济学奖。[1] 卡尼曼的模型中有两个不同的系统。系统 1 是纯粹本能化的认知模式，以便人们在任何情况下都能瞬间参与决策过程，并使用经验法则快速做出决策；系统 2 相对迟缓，反射弧也更长，它允许人们做出更复杂的分析。系统 2 的决策质量碾压系统 1，但问题在于，系统 2 的生效需要花费更多的时间和精力，因此我们中的许多人并没有充分利用它。

按照卡尼曼的观点，让系统 2 发挥作用的关键通常需要催化剂或触发器，而对于局外人 CEO 们来说，这些看似简单的“一页纸”分析往往就起到了这一作用。这“一页纸”确保了对经验数据的关注，并防止了盲目从众。因此，这些“一页纸”就像一剂预防世俗观点的疫苗，在局外人的公司中广泛播种。特利丹公司 CEO 亨利 · 辛格尔顿曾对《福布斯》杂志说过：“我们的管理者严格遵循投资纪律，我们极少接到低回报的投资建议。”[2]

埃克森美孚公司在其 CEO 雷克斯 · 蒂勒森（Rex Tillerson）及其脾气暴躁的前任李 · 雷蒙德（Lee Raymond）的领导下，也有类似的纪律，他们要求所有投资项目至少要达到 20% 的回报。在 2008 年的金融危机期间，由于能源价格下跌，蒂勒森和他的团队随即降低产量，此举受到华尔街分

① 丹尼尔 · 卡尼曼的新作《噪声》探讨了影响人们做出判断的敌人之一“噪声”，并告诉人们应该怎样重塑自己的决策框架。这本书的中文简体字版已由湛庐引进，浙江教育出版社于 2021 年 9 月出版。——编者注

析师的批评。然而，他们只是拒绝向回报不足的项目注入更多的资金，即使这意味着短期利润的下降。

特点 2，分母很重要

这些 CEO 都非常关注每股价值的最大化。要做到这一点，他们不是只简单地关注作为分子的公司总市值。总市值可以通过任何方式来得到增长，包括支付过高的收购费或注资那些没有经济效益的内部资本项目。这些 CEO 还一心一意地通过投资项目的谨慎融资以及不失时机的股份回购来管理分母。这些回购与目前流行的两种回购理由相向而行，即它们并不是为了支撑股价或抵消期权的影响，而是因为它们能提供有吸引力的回报，它们本身就是投资。

在大型能源公司中，只有埃克森美孚公司一直积极地回购自家股票，在过去 5 年中回购了已发行股份的 25% 以上。在雷曼兄弟公司破产后的危机中，埃克森美孚公司实际上还加快了回购步伐。

特点 3，独断专行

局外人 CEO 们是授权大师，他们管理着高度去中心化的组织，并将运营决策权下放到组织中最低的、最区域化的层级。不过，他们并没有下放对资本配置的决策权。正如查理·芒格向我描述的那样，他们公司是“对日常运营分散管理和对资本配置高度集中的奇怪组合”，这种松散与紧密、授权与专制的混合体，被证明能够有效地对抗“惯性驱使”的力量。[3]

他们除了独立思考之外，还对外部顾问不屑一顾，并觉得这是天经地义。一切就像西部电影《正午》(*High Noon*)里的场景那样出乎意料：约翰·马隆独自一人面对美国电话电报公司企业开发部员工、律师和会计师构成的方阵；斯蒂利茨带着一个黄色的便笺簿独自出席可能高达数十亿美元交易额的尽职调查；巴菲特在一天之内就做出了对伯克希尔－哈撒韦纺织公司的收购决定，甚至没有再去公司看看……

特点 4，个人魅力无关紧要

这些局外人 CEO 也明显不会自我推销，在维护投资者关系方面所花的时间比同行少得多。他们不提供收益指南，也不参加华尔街论坛，作为一个群体，既不张扬，也没有超凡的魅力。他们为人谦逊，吉姆·柯林斯(Jim Collins)在他那本《从优秀到卓越》(*Good to Great*)中也强调过这种品质。他们不寻求通常也不吸引聚光灯，然而他们的回报却大大弥补了这种低调。

蒂勒森也一样，他参与了埃克森美孚公司的所有重大资本配置决策，很少参加电话业绩说明会或出席行业论坛。在华尔街分析师口中，蒂勒森以简明扼要的沟通风格而著称。

特点 5，像鳄鱼般的性情，极具耐心

对回报的要求是他们耐心的来源，他们中的绝大多数都愿意为了合适的机会等待漫长的时间，其中大众影院公司的迪克·史密斯整整等待了 10 年，只有马隆是个例外，他为了追求规模不断收购有线电视公司。与凯瑟琳·格雷厄姆一样，他们中的许多人只是在收购狂热时期保持观望，避免定价过高的“战略性”收购，从而创造了巨大的股东价值。

埃克森美孚公司在超过 10 年的时间里还没有完成一笔重大收购，直到 2011 年才有所改变。

特点 6，该出手时，绝不手软

有趣的是，我们发现，这种对经验主义和分析的偏好并没有导致怯懦。事实恰恰相反：在极少数情况下，当发现项目有确定性的高额回报时，他们就以迅雷不及掩耳之势果断行动。每一家公司都至少进行了一次大额收购或投资，金额相当于他们公司企业市值的 25% 或更多。汤姆·墨菲对美国广播公司的交易金额甚至大于他整个公司的市值。

1999 年，当时油价处于历史低点，埃克森公司以一笔轰动一时的交易收购了竞争对手埃克森美孚公司，交易总额超过其公司市值的 50%。

特点 7，在大大小小的决策中始终贯彻理性分析的方法

这些资本行业的高管像外科医生那样操作精准，总是把可用的资本投向效率最高、回报最高的项目。提升价值的决策不断累积，同样重要的是有损价值的决策被有效避免。经过长期发展，以上原则对股东价值就产生了巨大的影响。事实证明，这种非传统的思维模式本身构成了局外人公司实质性的、可持续的竞争优势。这种思维模式的作用相当于偏光镜片，让局外人 CEO 们能够穿透同行的行为和世俗智慧的光芒，发现核心的经济现状，并据此做出决策。

在这本书中，有大量的例子展示了这种务实的分析方法所带来的简洁和高效。这些 CEO 很清楚自己在寻求什么，他们的员工也很清楚。他们

没有过度分析或过度建模，也没有通过那些不请自来的外部顾问或银行家来证实自己的想法。比尔·斯蒂利茨在罗尔斯顿·普瑞纳公司的长期副手帕特·马尔卡希说过："我们知道需要关注什么，就这么简单。"[4]

2009 年,《巴伦周刊》的一篇文章描述埃克森美孚公司"与众不同的"企业文化时，称其"以牺牲自我为代价，冷血地关注回报"。[5]一切并非偶然，这种节俭的企业文化产生了非凡的结果：在过去的 25 年里，埃克森美孚公司的股东回报率在石油和天然气行业一直居于领先地位。

·一个预言·

如今，创纪录的企业现金水平，加上普遍较低的利率和市盈率，为积极的资本配置提供了历史性机遇。这种情况在思科、微软和戴尔等最大的核心蓝筹股技术公司中尤为明显，很多这样的公司仍由创始管理团队的成员所运营，它们拥有数字庞大的现金余额，其股票交易的市盈率正处在前所未有的个位数。我认为，这其中的某一家公司有可能会扭转过去对研发投资的重视程度，转而通过大幅增长的股票回购或分红来提高股东收益。如果真是这样，那么市场的反应可能会欣喜若狂，人们想象着其中一家公司的 CEO 是亨利·辛格尔顿复生，面对如此良机，众人摩拳擦掌，跃跃欲试。

特点 8，一种长远视角

尽管天性节俭，但局外人 CEO 们依然愿意投资自己的企业，以获得长期价值。要做到这一点，他们需要忽略像跑步机一样枯燥无味的季度收益，不去理会那些华尔街分析师的声音，不看诸如《扬声器》(*Squawk Box*) 和《我为钱狂》(*Mad Money*) 之类聒噪的不停地强调短期思维的有线电视节目。墨菲坚持要对新印刷厂增加大笔资本支出，马隆在 20 世纪 90 年代末购买昂贵的尖端机顶盒，他们这么做是有意识地牺牲短期收益，从而改善客户体验并捍卫公司长期的竞争地位。

这种长远视角往往导致和主流观点背道而驰的行动。埃克森美孚公司的减产决定备受争议，但是在金融危机期间，主要的能源公司中只有它一家坚决保持能源勘探方面的投入，以期提高企业的长期价值。2009 年初能源价格暴跌后，其他大型石油公司纷纷撤出加拿大油砂市场，但埃克森美孚公司依然在加拿大艾伯塔省（Alberta）开展了一个大型勘探项目，尽管他们知道这样做会影响短期收益。

关键是，打好手中的牌

与预付费法务公司和埃克森美孚公司的成就形成鲜明对比的是美国最大的金融机构花旗集团。2005 年前后，当抵押和杠杆导致最严重的金融海啸之时，花旗集团的 CEO 查克 · 普林斯（Chuck Prince）曾说过一句名言："只要音乐还在播放，你就必须站起来跳舞。"[6] 在世俗观点的诱惑和"惯性驱使"下，普林斯无法自拔，他和他的股东们很快就会跳下悬崖，因为花旗集团的股票从 2007 年每股最高 40 美元暴跌到 2009 年初的不到 3 美元。同期的大盘和行业表现已经令人不寒而栗，但是普林斯比标准普尔 500 指数和同行表现得更差。

把这些 CEO 以及他们公司的业绩和其他人区分开的是两种截然不同的思维模式。像斯通西弗和蒂勒森这样的局外人 CEO，当其他人在一旁围观时，他们往往下场起舞；而当音乐最欢畅时，他们却羞涩地退居角落。他们是聪明的逆向投资者，当回报没有吸引力时，他们愿意无限期地靠在墙边等待。

在不断变化的行业和市场条件下，局外人群体不约而同地围绕着一套极为相似的核心原则起舞。从根本上说，斯通西弗、蒂勒森和他们的局外人伙伴相比同行取得了非凡业绩，是因为在同行们后知后觉的急转弯时，他们已经先人一步地扭转了方向。如表 9–1 所示，他们在转向中遵循了几乎完全相同的蓝图：他们鄙视分红，严守收购底线，选择性地使用杠杆，大量回购股票，最小化税负，施行去中心化的组织管理，并专注于现金流而不是年度净利润。

表 9–1　局外人共享的世界观

局外人 CEO	初次担任 CEO	分红	回购 30% 以上	收购金额超过其市值 25%	去中心化的组织架构	听从华尔街指导	个性化指标	对税负的关注
亨利·辛格尔顿	√	否	√	√	√	否	特利丹回报	高
沃伦·巴菲特	√	否	—	√	√	否	浮存金	中等偏高
汤姆·墨菲	√	低	√	√	√	否	现金流回报率	中等偏高
约翰·马隆	√	否	√	√	√	否	EBITDA	高
迪克·史密斯	√	低	√	√	√	否	现金收益	高
比尔·安德斯	√	低 / 特殊分红	√	√	√	否	现金投资回报率	高
比尔·斯蒂利茨	√	低	√	√	√	否	内部收益率	高
凯瑟琳·格雷厄姆	√	低	√	√	√	否	现金内部收益率	中等偏高

再强调一遍，这些局外人高管的手牌都截然不同，所以重要的是，如何打好自己的手牌。他们的境遇千差万别：柏林墙倒塌后，安德斯面临的境遇，与 20 世纪 70 年代早期有线电视爆发期马隆接手 TCI 时面临的境遇截然不同。在给定的环境下进行优化是其中的关键所在，类似的例子比比皆是：一位高中足球教练每年都要调整他的策略以适应球队中不断变化的球员组合，如果四分卫很弱，他就必须带球跑动；一位剧团负责人则必须选择排练的剧目，从而把不同演员独特的演艺才能嫁接到一出戏里。

这里没有严格的公式，也没有硬性的规定：回购自家股票、进行并购或在一旁观望，并不是放之四海而皆准的真理，正确的资本配置决策总会因时而变、因势而变。这就是为什么辛格尔顿认为学会变通是如此重要。作为一个群体，这些 CEO 在面对商业世界固有的不确定性时，靠的是耐心、理性、务实地把握时机，而不是靠一套详细的战略计划。

他们的具体行动源于共同的、更广泛的思维模式，归总起来无异于一种 CEO 取得成功的新模式，这种模式以对企业资源进行优化管理为中心。尽管局外人群体中的 CEO 都很有天赋，但相比同行，他们的优势在于性情，而非智力。归根结底，他们认为重要的是要头脑清晰地制定决策，他们认同的文化强调那些看似过时的美德，比如节俭和耐心、独立和偶尔的勇敢、理性和逻辑思维能力。

事实证明，在五花八门的行业和市场条件下，他们那些打破常规的做法是其竞争优势的重要来源。如表 9-2 所示，从根本而言，这些高管践行着一种激进的理性。与大多数 CEO 截然不同，他们拥有投资者或所有者才具备的长远视角，而不是那些高薪雇员的短期视角。

表 9-2　偶像颠覆主义概览

对比项目	局外人 CEO	其他同行 CEO
经验	初次担任 CEO 时只有非常少的管理经验	拥有格拉德威尔所说 1 万小时经验的管理者
主要活动	资本配置	运营管理和外部沟通
目标	长期每股价值最大化	扩大规模
核心指标	边际效益、回报、自由现金流	营业收入、年度净利润
个人品质	善于分析、节俭、独立	具有个人魅力、外向型
目标	长期	短期
类似何种动物	狐狸	刺猬

那么，让我们回到本章开头的问题：这些 CEO 的经验和教训会对谁有所裨益呢？简而言之，答案就是：几乎所有的经理人或企业主都适用。好消息是，要成为一位高效的 CEO，你不必是营销或技术天才，也不必成为魅力超凡的预言家。然而，你的确需要明白资本配置，并认真考虑如何最好地配置公司资源，从而为股东创造价值。你必须有意识地经常反问自己“回报是什么”，并且只推进即使基于保守估计也能产生诱人回报的项目。你必须有信心偶尔做一些与同行不同的事情。遵循以上原则的管理者和企业家，他们致力于理性思维和独立思考，我们有理由相信他们会把手中的牌用到极致，并使股东感到心情愉悦。

尾声：老马，旧途

拉迪亚德·吉卜林（Rudyard Kipling）
《如果》（*If*）

如果你能在周围所有人失去冷静时保持理智……

诺贝尔化学奖得主路易斯·巴斯德（Louis Pasteur）说过，“机遇偏爱有准备的头脑”。说到有准备的头脑，让我们来看看两位仍然活跃在舞台上的局外人 CEO 巴菲特和马隆，看看他们在 2008 年 9 月雷曼兄弟公司倒闭后的那场金融危机中是如何乘风破浪的。

如你所料，两人追求的方向与同行截然不同。当几乎所有的美国公司都紧握现金，守着糟糕的资产负债表作壁上观时，这两只狮子正在寒冬里积极地四处觅食。

2001 年“9·11”事件后，巴菲特很长一段时间处于蛰伏状态，但是 2008 年 9 月后他却进入了其漫长职业生涯中最活跃的一个时期。自 2008 年第四季度以来，巴菲特在种类极其繁多的投资活动中投入了 800 多亿美元，其中 150 多亿美元是在雷曼兄弟公司倒闭后的 25 天内投入的：

- 从高盛集团和通用电气购买了 80 亿美元的可转换优先股。
- 购买了合计 90 亿美元的大量普通股，比如美国联合能源公司（Constellation Energy）的股票。
- 向玛氏箭牌（Mars / Wrigley，65 亿美元）和陶氏化学（Dow Chemical，30 亿美元）提供夹层融资。
- 在公开市场购买了各种次级债券，89 亿美元。
- 伯克希尔 - 哈撒韦公司以 265 亿美元收购了伯灵顿北方圣达菲铁路公司 77.5% 的股份，这是伯克希尔 - 哈撒韦公司有史以来最大的一笔交易。
- 以 87 亿美元收购了行业领先的上市润滑油公司路博润（Lubrizol）。
- 宣布对 IBM 股票进行新的大规模投资，109 亿美元。

与此同时，马隆一直在悄无声息地进行着扩张试验，他从 TCI 最初的自由媒体公司等节目类资产中分拆出来不同的公司实体，以此进行激进的资本配置。在金融危机最严重的时候，马隆做了下面这些：

- 对卫星节目巨头 DIRECTV 实施了“杠杆式权益成长”战略，提高负债水平并积极回购股票，24 个月里回购已发行股票的 40% 以上。
- 对前自由媒体公司的下属实体企业发起了一系列“攻坚战”，包括：剥离有线电视节目商星光电视台的昂科拉电影频道（Starz/Encore）；以及自由都市公司（Liberty Capital）和自由互动公司（Liberty Interactive）之间的债转股交换。自由都市公司是马隆控股的公共和私有资产集合体；自由互动公司是 QVC 购物网和其他在线实体的所有者。
- 2009 年初，在市场最低谷时进行了一次过程烦琐却颇有吸引力的交易，通过自由都市公司一举收购了卫星广播服务公司天狼星广播（Sirius Broadcasting）的控股权。2010 年第二季度，马隆还回购了自由都市公司 11% 的股份。
- 通过旗下国际有线电视公司 Liberty Global，宣布了该公司历史上最大的一笔收购，即以不到该公司现金流 7 倍的超过 50 亿欧元的价格收购了德国有线电视公司 Unitymedia，同时以超过 9 倍现金流的价格出售了该公司在日本最大的有线电视业务的大量股份。所有收益都可以通过公司巨大的净运营亏损来实现避税。马隆还让国际有线电视公司继续执行声势浩大的回购计划，该公司在过去 5 年里回购了一半以上的股份。

看到了吗？当美国企业界普遍站在场外不知所措时，这两位老谋深算的 CEO 却加入凯恩斯“动物精神”的投资狂欢之中。他们正应了巴菲特的那句名言：在同行因前所未有的恐惧而颤抖时，自己则非常贪婪。

一个案例和一份清单

让我们用一个案例来收尾，这个案例展示了局外人在不同情境下的工作方式。

假定你拥有一家运营良好的高档面包店，专门售卖法式面包和新鲜糕点，成功的关键是你使用了一种意大利制造的特殊烤箱，而面临的进阶难题是店面无法满足更多的市场需求。

你要发展业务就会面临两种选择：盘下隔壁的店铺并购买第二台烤箱，或者在城镇的其他地方再开一家新店，当然这也需要购买一台新烤箱。此时，你在市区另一个地方的竞争对手刚刚扩展了店面并获得巨大成功，并且你也读到了一家烘焙公司上市的故事，该公司通过谨慎地扩张现有店铺而成长。传统观点认为，扩张店面是正确的选择，但是你觉得需要坐下来做一做算术题。

首先，基于自己认为的保守假设，你计算了每个场景的前期成本以及可能的营收、利润。其次，从不同的场景扩展开，去计算每个选项的回报。

你已经设定了个人对回报率的最低要求：只有当项目产生至少 20% 的回报时才会继续前进。你也做了如下计算：一个新烤箱需要花费 5 万美元，扩张现有店铺需要建造费 5 万美元，在扣除劳动力、材料和其他运营成本后，可能会产 2 万美元的年利润增量。因此，你有 10 万美元的前期成本（烤箱加上扩建）和 2 万美元的预期年利润，预期回报率为 20%——正好达到你对回报率的最低要求。

然后将注意力转向开设新店的选项，前期费用包括一个 5 万美元的烤箱和 15 万美元的新建费用。新店的销售情况很难预测（比如它在城镇的另一端），但你估计潜在的年利润为 5 万～ 7.5 万美元。因此，你计算出前期成本为 20 万美元，预期回报率为 25% ～ 37.5%。这个回报率，即使是考虑最低的水平，也明显高于前一种选择。但在决定走哪条路之前，你要问自己一些重要的、定性的问题：

- 新店位于城镇的另一端，你对其销售情况预测落空的风险更大，那么对自己的预估，你究竟有几成把握？
- 更高的回报率是否足以弥补这一额外的不确定性？
- 新店所需资金是扩张店面所需资金的两倍，你能为开设新店筹集到额外的 10 万美元吗？（如果能，资金的成本是多少？）
- 反之，开设新店是否具有潜在益处？比如，它是否有可能让你的经营实现多元化，即使在现有门店销售额下降时，你的利益也可以拥有某种保障？

- 开设第二家店是否能赋予你商业洞察力，随着时间的推移，凭借这种洞察力你有可能建立一家更大的公司吗？

无论企业规模大小，以上这些资本配置的问题和决策就是管理者和企业家每天都必须面对的（尽管大公司通常会聘请顾问和投行来帮助他们找出答案），而且无论面包店主还是《财富》500 强 CEO，以条理和分析为导向的思维过程对于做出有效决策都至关重要。

对于本地的小商铺或是大型公司的董事会来说，局外人的做法似乎并没有那么复杂，但是，为什么没有更多的人去效仿他们的方法呢？答案是，实际运用比看起来更难。与同行的做法背道而驰，忽略“惯性驱使”都不是什么容易的事情，在许多方面，商界就像一个被青春期同龄人压力所笼罩的高中食堂。特别是在危机时期，人们自然的、本能的反应是，同伴做什么自己就做什么，行为学者称其为社会认同。当今世界充斥着社交媒体、即时讯息和嘈杂的有线电视节目，信息的噪声越来越难以消除，我们需要后撤一步采用丹尼尔·卡尼曼教授所提到“系统 2”来思考。“系统 2”是一个近来广受关注的思维工具，在思考时确实能派上用场。

局外人的清单

事实证明，检查清单是航空、医疗和建筑等领域极其有效的决策工具，它们简单的形式下蕴含着强大的力量，多亏了阿图·葛文德（Atul Gawande）的新作《清单革命》（*The Checklist Manifesto*）才让它们的应用成为当前的热门话题。检查清单是特别有效的“选择架构”形式，旨在促进分析和理性思维，并消除干扰，后者常常让复杂决策蒙上阴影。清单为激活“系统 2”提供了体系化的路径，对CEO们来说，它堪比高效的疫苗，让接种者对世俗观点和“惯性驱使”有所免疫。加万德建议清单的选项最好保留10项或更少，于是我们从局外人CEO们的经验中整理出一份清单，以帮助人们做出有效的资源配置决策，希望以此来避免损毁价值的决策。那么，请开始吧：

1. 配置过程应当由 CEO 主导，而不能委派给财务或业务开发人员。
2. 首先确定收益率目标，即投资项目可接受的最低回报率，这是 CEO 最重要的决策之一。注意：收益率目标应参考公司可获得的一系列投资机会来确定，并且通常应超过股权和债务融资的混合成本，通常在十几个点或更高。
3. 计算所有内部和外部投资方案的回报，并根据回报和风险对其进行排序（计算不需要非常精确）；采用较为保守的假设。注意：诸如收购等高风险项目应当要求高回报。要非常小心“战略”这个名词，它通常是低回报公司的代码。
4. 计算股票回购的回报率，收购的回报率应当显著超过这一基准。注意：虽然股票回购是局外人 CEO 们创造价值的重要来源，但它并不是万灵药，如果回购价格过高，也会破坏价值。
5. 关注税后利润，进行所有交易前都要咨询税务顾问。
6. 确定可承受的、保守的现金和债务水平，并使公司运营保持在该水平之内。
7. 考虑采用去中心化的组织模型，例如：公司总部员工占员工总数的比例是多少？这与你的同行相比如何？
8. 只有在有信心长期获得高于收益率目标的回报时，你才能把资本保留在当前业务中。

9. 如果没有潜在的高回报投资项目，请考虑支付股息。然而请注意，支付股息的决定一旦做出则很难撤回，并且支付股息从税务的角度来说是不划算的。

10. 当市场价格非常高时，考虑出售企业或股票都是可行的方案；如果业务部门表现不佳，不再产生可接受的回报，那么关闭它们也是可行的。

无论是回顾过去还是展望未来，商界局外人 CEO 们对资源配置提供了行之有效的方法，凭借于此，他们得以在难以预测、千头万绪的商界中航行，并在五花八门的行业和市场条件下都创造了卓越的成果。这份清单是一个工具，可以帮助包括邻家的面包店和跨国集团在内的任何企业，让我们采用这种行之有效的方法吧，让我们张开双臂、睁大好奇的双眼，让我们去拥抱、去见证商业世界固有的不确定性吧……

The Outsiders

致 谢

2003 年，我在和家人一起度假时，萌发了写这本书的念头。当时我在一家私募股权公司工作，正在为公司每半年召开一次的 CEO 论坛准备发言稿。发言的主题是介绍一位杰出的 CEO，把他职业生涯中的经验教训分享给我们投资组合中的公司经理人。我选择了亨利·辛格尔顿。在研究的起始阶段，从阿利姆·乔杜里（Aleem Choudhry）开始，我很幸运地结识了哈佛商学院一群非常有才华的二年级研究生。乔杜里是全美优等生联谊会成员，也是斯坦福大学物理学专业的毕业生和校网球队队员，他在该项目研究的过程中表现非常出色，我们的合作为随后的全部工作创建了研究模板。项目结束时，乔杜里向我介绍了另一位杰出的学生约翰·吉利根（John Gilligan），当时吉利根刚刚完成哈佛商学院第一年的课程。吉利根也是优等生联谊会成员，本科毕业于哈佛大学的化学专业，他同意对大都会通信公司做一个类似的独立研究，于是我们一拍即合。

与这些学生合作，我详细分析了每一位局外人 CEO 和他们的同行。每个项目用时整整一学年来完成，并遵循相同的调研流程和时间表：第一学期致力于详细分析局外人公司及其同行的历史财务报告。我们总共查看了 1 000 多份公司年度财务数据，对包括文章、书籍和视频等其他数据来源也做了深入回顾；第二学期的重点是对公司前任高管、投资人、华尔街分析师、银行家、同行公司高管进行广泛的访谈，当然还包括 CEO 本人。我们采访了每一位健在的局外人 CEO。这些访谈通常会牵出失散已久的同事和投资人，由此需要进一步深入，最后，总访谈人数超过 100 人。

所以现在，我要感谢很多人，首先要感谢天才般的哈佛商学院学生所做的数据整理和收集工作。在过去的 8 年里，我十分荣幸与他们一道完成了这个项目。这一天才群体包括保罗·布塞尔（Paul Buser，负责罗尔斯顿·普瑞纳公司）、乔杜里（负责特利丹公司）、埃琳·艾森伯格（Erin Eisenberg，负责伯克希尔－哈撒韦公司）、马特·埃斯特普（Matt Estep，负责通用动力公司）、约翰·吉利根（负责大都会通信公司）、布赖恩·赫斯曼和莫里茨·乔布克（Brian Hersman，Moritz Jobke，负责 TCI）、克里斯蒂娜·米勒（Christina Miller，负责《华盛顿邮报》），以及康斯坦蒂诺斯·帕帕康斯坦蒂努（Konstantinos Papakonstantinou，负责大众影院公司）。

我同样要感谢来自哈佛商学院的纳比勒·哈格（Nabil El-Hage）和迈克·罗伯茨（Mike Roberts）两位教授的支持，以及一位在读学生马特·克利特斯（Matt Klitus）。在成稿的最后阶段，克利斯特为分析提供了重要帮助。

我还要感谢那些愿意花时间阅读手稿并给出灼见的人，他们包括比尔·凯里（Bill Carey）、阿特·查彭蒂埃（Art Charpentier）、威尔·加德纳（Will Gardner）、贾尔斯·古德海德（Giles Goodhead，他阅读得特别仔细）、艾尔夫·格罗斯贝克（Irv Grousbeck）、鲍勃·格鲁斯基（Bob Grusky）、迈克·杰克逊（Mike Jackson）、克里斯·金博尔（Chris Kimball）、萨姆·麦考斯兰（Sam MacAusland）、乔·尼豪斯（Joe Niehaus）、布兰登·尼克松（Brandon Nixon）、戴维·西蒙斯（David Simmons）、凯文·塔维尔（Kevin Taweel）、兰尼·桑代克（Lanny Thorndike）、汤姆·特里福罗斯（Tom Tryforos）、埃利奥特·沃兹沃思（Eliot Wadsworth）、拉姆齐·沃克（Ramsey Walker）和史蒂夫·沃尔曼（Steve Wallman）。特别感谢戴维·沃戈，他为 TCI 和大都会通信公司这两章提供了额外的支持。

我还要感谢我的父亲尼克·桑代克（Nick Thorndike）的仔细阅读和意见；感谢我的孩子夏洛特和尼古拉斯对这个项目付出的耐心，感谢他们让我在研究路上的关键时刻能偷闲片刻，也感谢他们偶尔超出年龄的智慧。从早期的研究助理伊丽莎白和艾默里·桑代克（Amory Thorndike）那里，我也获益匪浅，一并致谢。

我要特别感谢巴菲特那无可替代的合作伙伴查理·芒格先生，在项目前期他就给出鼓励和深刻的洞见，特别是对特利丹公司、大都会通信公司、《华盛顿邮报》和通运动力公司的章节。

我还要特别感谢丹尼斯·埃亨（Denise Ahern），她是镇定自若、无所不能的助手，在过去近 9 年里给予了我非凡的帮助、支持以及耐心。

还要感谢夏洛特·麦克唐纳（Charlotte MacDonald）多年来的大力支持。

我的经纪人戴维·米勒（David Miller），对整个项目而言，他一直是洞察力和新观点的来源。

我的编辑杰夫·基欧（Jeff Kehoe）和艾利森·彼得（Allison Peter），以及哈佛商业评论出版社的整个团队，他们做得非常出色，他们的呵护和指导让这部手稿及其毫无经验的作者顺利走完了出版流程。

最后，我要感谢吉妮，她是我不可或缺的“贴身”编辑和妻子，感谢她在各个阶段对手稿提出了极其宝贵的充满理性和启发的解读，感谢她对我多年来始终如一的支持。

诚然，本书中如有任何错误，责任都在我，但以上这群人的智慧和支持对本书的最后成型做出了不可估量的贡献。谢谢你们，谢谢你们。

巴菲特的测试

巴菲特曾针对配置资本的能力提出过一个简单的测试方法：一位CEO在任期内，每1美元的留存收益是否至少创造了1美元的价值？仅用一个数字，巴菲特的衡量标准就综合反映了CEO整个职业生涯中决策制定的智慧和愚蠢。可悲的是，要通过测试比听上去的更为艰难。当然我们也毫不意外，局外人CEO都以优异的成绩通过了测试，如表10-1所示。

表10-1　局外人CEO的测试成绩

所属公司	目标时间段		巴菲特测试段（年）		累积“巴菲特回报”（倍）
伯克希尔－哈撒韦公司	1965-6-30	2010-9-30	1965	2007	2.3
哈考特－布雷斯－朱万诺维奇公司/大众影院公司	1966-1-31	2001-7-31	1962	2000	3.6
特利丹公司	1963-5-31	1990-6-30	1966	1989	2.0
大都会通信公司/美国广播公司	1966-9-30	1995-12-31	1966	1994	2.7

续表

所属公司	目标时间段		巴菲特测试段（年）		累积“巴菲特回报”（倍）
《华盛顿邮报》	1971-6-30	1993-12-31	1971	1993	1.9
TCI	1973-5-31	1999-3-31	1973	1997	不适用
罗尔斯顿·普瑞纳公司	1980-1-31	2001-12-31	1981	2000	2.4
通用动力公司	1990-12-31	2007-12-31	1990	2007	3.5

注：① 大众影院公司 1991 年收购哈考特通用公司导致数据突变，因此进行了调整，否则会扭曲结果。

② 马隆管理 TCI 期间，有意识地让账面盈余最小化，因此，这个指标对他不适用。

未来，属于终身学习者

我这辈子遇到的聪明人（来自各行各业的聪明人）没有不每天阅读的——没有，一个都没有。巴菲特读书之多，我读书之多，可能会让你感到吃惊。孩子们都笑话我。他们觉得我是一本长了两条腿的书。

——查理·芒格

互联网改变了信息连接的方式；指数型技术在迅速颠覆着现有的商业世界；人工智能已经开始抢占人类的工作岗位……

未来，到底需要什么样的人才？

改变命运唯一的策略是你要变成终身学习者。未来世界将不再需要单一的技能型人才，而是需要具备完善的知识结构、极强逻辑思考力和高感知力的复合型人才。优秀的人往往通过阅读建立足够强大的抽象思维能力，获得异于众人的思考和整合能力。未来，将属于终身学习者！而阅读必定和终身学习形影不离。

很多人读书，追求的是干货，寻求的是立刻行之有效的解决方案。其实这是一种留在舒适区的阅读方法。在这个充满不确定性的年代，答案不会简单地出现在书里，因为生活根本就没有标准确切的答案，你也不能期望过去的经验能解决未来的问题。

而真正的阅读，应该在书中与智者同行思考，借他们的视角看到世界的多元性，提出比答案更重要的好问题，在不确定的时代中领先起跑。

湛庐阅读 App：与最聪明的人共同进化

有人常常把成本支出的焦点放在书价上，把读完一本书当作阅读的终结。其实不然。

时间是读者付出的最大阅读成本

怎么读是读者面临的最大阅读障碍

“读书破万卷”不仅仅在“万”，更重要的是在“破”！

现在，我们构建了全新的“湛庐阅读”App。它将成为你“破万卷”的新居所。在这里：

- 不用考虑读什么，你可以便捷找到纸书、电子书、有声书和各种声音产品；
- 你可以学会怎么读，你将发现集泛读、通读、精读于一体的阅读解决方案；
- 你会与作者、译者、专家、推荐人和阅读教练相遇，他们是优质思想的发源地；
- 你会与优秀的读者和终身学习者为伍，他们对阅读和学习有着持久的热情和源源不绝的内驱力。

北京市版权局著作权合同登记号　图字：01-2022-1470

图书在版编目（CIP）数据

巴菲特最推崇的8大企业家特质 /（美）威廉·桑代克著；马斯文，杨天南译. -- 北京：中国财政经济出版社，2022.10
书名原文：The Outsiders
ISBN 978-7-5223-1621-5

Ⅰ. ①巴…　Ⅱ. ①威…　②马…　③杨…　Ⅲ. ①企业家—研究—世界　Ⅳ. ①F272.91

中国版本图书馆CIP数据核字（2022）第169532号

责任编辑：李昊民　　　　责任校对：胡永立
封面设计：ablackcover.com　　　　责任印制：张　健

巴菲特最推崇的8大企业家特质
BAFEITE ZUI TUICHONG DE BA DA QIYEJIA TEZHI

中国财政经济出版社 出版
URL：http://www.cfeph.cn
E-mail:cfeph@cfemg.cn

社址：北京市海淀区阜成路甲28号　　邮政编码：100142
营销中心电话：010-88191522
天猫网店：中国财政经济出版社旗舰店
网址：https：//zgczjjcbs.tmall.com
石家庄继文印刷有限公司印装　　各地新华书店经销
成品尺寸：170mm×230mm　　16开　　16.25印张　　216 000字
2022年10月第1版　　2022年10月河北第1次印刷
定价：89.90元
ISBN 978-7-5223-1621-5
（图书出现印装问题，本社负责调换，电话：010-88190548）
本社图书质量投诉电话：010-88190744
打击盗版举报热线：010-88191661　　QQ：2242791300